VIVER NO NOVO MUNDO

O mensageiro vol. 2

Paulo Ferreira

Dedicado a Madureira Ramos, Amanda, Helena Petrovna Blavatsky.

Com os agradecimentos à minha irmã Ale Barello e à minha mãe Cida Ramos, pelo apoio de eras. Ao meu irmão Fabio Prates da Silva. Ao Maestro Alberto Frioli; Sonilda Freitas; Rex Thomas, Jenny E. Tyler; Laura Uplinger, Maria Paula Fidalgo; Telma Barbosa dos Santos; Cristiane Anselmo, Gabriella Musa, Mariana de Barros, Carlos Torres e Sueli Zanquim, Antonio Carlos Zioli, Salette Zioli, Cristina Pacheco Gomes, Marcos Corazza, Alek Ribet, Fernando Taulois da Costa, Daniel Oper, Carlos Augusto Pereira, Paulo Castilho, Ana Paula Valadares, Mako Abe, Glauciana Monteiro Nunes, Miriam Ramos Ricci (in memoriam), Marisa Ricci, Diana Ricci, Yaacov Rubin, Luana Branco, Lilian Souza, Bya Blanco, Roberto Pacheco, Adriana Ament, Giulietta Cucchiaro, Luiz Barello, Iara Bichara, João Alberto Bichara e queridos amigos do Movimento Era de Cristal e Unaversidade. Prof. Dr. Amit Goswami, PhD; Dra. Uma Khrisnamurti; Dr. Rick Strassman, Prof. Dr. Krsna Madappa, Boris Petrovic, Guilherme Moraes dos Santos, Prof. Dr. João Arruda Neto, PhD. Giovanna Luconi; Gabriel Chaurais; Alex Schultz; Renata Bravo; Vivian Amarante. Com especiais agradecimentos a minha amada Katia Alves, pela infinita paciência.

CONTENTS

PRÓLOGO

A evolução espiritual é um processo individual.

O resultado evolutivo de CADA INDIVÍDUO afeta e auxilia na evolução coletiva. Podemos, e devemos, indicar o caminho a quem se dispõe a caminhar. Mas a cada um cabe responder, unicamente, por sua própria evolução.
Se tivermos feito o nosso trabalho em nós mesmos, teremos feito o que é devido. Ajudando, teremos feito ainda mais.
Mas a nenhum ser é dado, nem pedido, nem imputado
que responda pela evolução de outro ser, como se fosse cocheiro a espicaçar outras criaturas para que apressem seu passo.

Todos querem mudar o mundo, mas não a si mesmos.
E na verdade, só se pode mudar o mundo mudando a si mesmo."

Seja bem-vindo.

INTRODUÇÃO

O primeiro livro da série O Mensageiro foi escrito antes da transição de 21 de dezembro de 2012 (e publicado em março de 2013) e trata de questões relevantes ao tempo de transição e aos entendimentos fundamentais para o Despertar para um Novo Mundo, como diz o subtítulo.

O processo de escrita deste segundo livro da série foi concluído em março de 2015, em Alto Paraíso de Goiás, Brasil; e o processo de revisão e ajustes finalizado em 2017. Ele dá seqüência ao assunto das escolhas e opções que se apresentam ao Ser que decide caminhar pelo processo de despertar, já no início deste Novo Mundo. Cabe lembrar: o primeiro dia do ano não pertence ao ano anterior; mas obviamente não contém nele todo o ano que chega. É neste sentido que afirmamos: vivemos hoje os "primeiros dias" de um Novo Mundo. Daí o subtítulo: Viver no Novo Mundo.

Cada volume da série tem seu próprio escopo de assuntos, de modo que a ordem de leitura dos volumes não é fundamental, mas naturalmente são informações complementares.

AS CAMADAS NO PROCESSO DE DESPERTAR

O que chamamos de Despertar é um processo. Um processo com múltiplas camadas, e com as ondulações de uma senóide. O despertar não é Iluminação. Um desperto, neste contexto, não é um Buda, não é um Mestre, não é um ser livre dos problemas e desafios da vida no plano material. Não é um perfeito desapegado, não é um ser livre do sofrimento.

É apenas um ser que passou a compreender algo mais sobre si mesmo, e com isso, torna-se progressivamente capaz de entender algo mais sobre o mundo, o cosmo e os outros seres. Porque o processo é completamente interior. Seja ele visível ou não aos demais; toda a revolução do despertar acontece de dentro para fora. Eventualmente, acaba por exteriorizar-se na vida e nas escolhas, e isso pode ser difícil; porém bom.

O termo revolução não é casual, mas muito intencional: o despertar, embora muitas vezes gradual, não é uma "evolução", no sentido de que é disruptivo, é uma quebra dos paradigmas anteriores que guiavam a vida.

O processo de despertar muito frequentemente tem picos e vales. O primeiro pico normalmente é quando acontece o insight fundamental que inicia todas as mudanças que ocorrem depois.

Este momento costuma trazer muitas sensações de alegria, felicidade e grande entusiasmo. Este alegre momento inicial, normalmente é sucedido por uma fase difícil, de muito questionamento e mudanças no plano pessoal. Isso é muito comum, porque é um processo individual; porém realizado por indivíduos que não vivem sós: ou seja, as pessoas em volta de você não tem necessariamente entendimento ou conhecimento sobre o que você está passando. E qualquer um que não tenha passado ainda pelo processo é incapaz de compreendê-lo. É totalmente inútil cobrar, brigar, discursar ou tentar convencer alguém a engajar-se no processo. Aliás, é normalmente contraprodutivo: a pessoa que não entendeu o que é este processo vai apenas questionar a sua sanidade e eventualmente afastar-se; reagir ou sentir-se irritada com a sua insistência com um assunto que ela sequer compreende de fato "o que é".

Trabalhando para modificar a si mesmo, algumas de suas mudanças e atitudes terão impacto positivo na sua vida e na vida de outras pessoas. Essas pessoas talvez sejam inspiradas pelo exemplo, por reconhecer que você tornou-se uma pessoa melhor. E isto poderá inspirá-las a investigar "esse tal de despertar". Afinal, nada inspira mais a transformação de uma lagarta do que ver uma borboleta voar.

Mas vá com calma, especialmente antes de engajar-se numa "campanha de conversão" logo nas primeiras camadas do seu processo de despertar: lembre que, depois do entusiasmo inicial, nem sempre as coisas ficam fáceis. Aliás, normalmente elas ficam bastante difíceis. No segundo ciclo, no primeiro "vale" após o primeiro "pico", você poderá se deparar com muitas coisas que precisa modificar em si mesmo e na sua vida, para poder alinhar-se aos seus propósitos e sentimentos recém descobertos. Você terá vontade de abandonar hábitos, lugares, profissão ou eventualmente até modificar relacionamentos importantes. Relacionamentos são acordos entre dois seres. Se apenas um deles quiser modificar o acordo, isso pode gerar muita tensão e um período bastante difícil para sua vida pessoal.

Apesar de todos esses avisos, dificilmente você será cuidadoso no primeiro pico de experiência. A modificação da sua perspectiva de mundo é tão grande, tão impactante e tão motivadora que você será tentado a querer "mudar o mundo" que está fora de você. E você não pode mudar nada fora de você, apenas comece por mudar algo DENTRO de você.

Uma das motivações apontadas como justificativa para "estimular" os outros a mudar seria a grande "urgência ou emergência" que o momento presente do mundo exigiria. Vale ressaltar:

Não há razão para ter pressa, nem motivo para perder tempo.

Primeiro, porque toda a visão de "tempo" refere-se a um conceito humano, limitado e restrito. Segundo, porque nada acontece antes de estar pronto. Numa realidade superior e mais ampla, onde não existe o conceito de tempo, o que há é o movimento, a interação e a seqüência dos acontecimentos. Portanto, para que alguém entenda e aprecie uma determinada ideia, é preciso que tenha vivido as necessárias etapas anteriores.

Não se preocupe se aquela pessoa que você ama "ainda" não entendeu o seu ponto de vista, ou aparentemente mantém-se alheia às mudanças que estão acontecendo no momento presente do mundo. Aquilo que foi dito por você não será perdido: no momento certo, quando a pessoa estiver pronta, ela se lembrará do que ouviu. E se lembrará de quem disse. Por isso, esteja pronto para receber novas perguntas e novos questionamentos das pessoas a quem você falou sobre algo hoje. Pode ser que os acontecimentos da vida do outro o levem a voltar a questioná-lo em algumas semanas, meses, até anos.

Apenas árvores de uma certa altura percebem as brisas sutis que sopram mais alto. Outras árvores crêem que apenas existem os ventos mais óbvios e fortes que elas recebem nas suas folhas. Que sentido haveria em recriminá-las? Pode-se contar a elas "existe uma brisa mais sutil, de uma outra qualidade." Mas cabe, pacientemente, esperar que lhes cresçam ramos mais altôs antes que estas possam, verdadeiramente, crer.

Primeira providência: não use sua energia em conflitos

A visão de que é preciso lutar e combater traz em si todo um engano fundamental para a existência humana. Não apenas não é preciso lutar. É essencial retirar-se dos conflitos. Vivemos uma "realidade" holográfica, baseada em fractais. O Todo se reflete em cada uma de suas partes. Somos todos um. Eliminar os conflitos de nossa sociedade só pode ser realizado através da eliminação dos conflitos em nossas próprias vidas.

Não se pode resolver os problemas do mundo usando as mesmas idéias que os criaram. É necessário usar conceitos novos, idéias novas. Não é resistir, lutar ou criar novos conflitos. É retirar-se dos conflitos. É retirar a sua energia dos conflitos. Escolher, ativamente, não participar deles. Quando um não quer, dois não brigam. Quando sete bilhões não quiserem conflito, não haverá conflito.

Mas começa por VOCÊ mesmo. Não pode-se esperar que comece com o outro. Quando você decide não mais colocar sua energia em conflitos, surpreendentemente perceberá que haverá em você mais energia disponível para realizar, para fazer o que lhe interessa. Para construir o mundo que se quer. Começando pelo seu mundo, pela sua vida.

Sobretudo, devemos evitar acusações diretas e agressivas a qualquer linha de pensamento. A liberdade é um valor fundamental e inegociável do processo de despertar.

E a regra de ouro, infalível, que vai guiá-lo e iluminar toda e qualquer (literalmente e sem exceções) QUALQUER dúvida moral ou ética que você venha a ter é:

FAÇA ao outro aquilo que você faria por si mesmo.

NÃO faça ao outro o que você não gostaria que fosse feito a você.

EFEITOS DA MANIFESTAÇÃO CONSCIENTE

Como seres espirituais vivendo uma experiência na matéria, afetamos e somos afetados, colaboramos e recebemos influências e pensamentos do nosso "coletivo" espiritual, daquele campo energético que sustenta e é produto do conjunto das energias dos seres humanos, aquilo que o cientista Rupert Sheldrake chama de campos mórficos, e que Jung denominou Inconsciente Coletivo. São nomes e caracterizações "parciais" para um conjunto maior que Helena Blavatsky descreveu como o Registro Akhasico da Humanidade, o resultado de todas as interações, tudo que fazemos, todas as escolhas manifestadas no mundo, por atos ou palavras e outras formas.

Sabemos em que exata medida como o que cada um de nós coloca no mundo influencia este conjunto, este campo energético? Poucos atualmente tem consciência e dirigem suas escolhas e energias para conscientemente manifestar e agregar escolhas e vibrações no mundo. E embora sejam poucos, são em muito maior numero do que há 20, 50 ou 100 anos. Em outras palavras, para as pessoas vivas hoje no mundo, nunca houve tamanho nível de energia conscientemente direcionada como acontece agora.

Além desse fato, devemos lembrar também que estamos tratando de propagação, uma vez que falamos de emanar algo, que será multiplicado pelas consciências no mundo. O efeito de uma intenção manifestada por uma consciência é x. Mas o efeito dessa mesma idéia é ampliado exponencialmente a cada nova interação e manifestação de consciência que se alinha à mesma freqüência.

Além deste fato, cabe destacar também que o poder de manifestação de cada indivíduo, enquanto ponto de partida, depende diretamente do seu nível de consciência, pureza de intenção e alinhamento ao Propósito da evolução coletiva. Assim, naturalmente, seres com um alinhamento e compreensão do Propósito são capazes de colocar em movimento um volume imensamente maior de energia do que consciências agindo "ao acaso", inconscientemente e de modo ligado a razões exclusivamente individuais. Se é verdade que qualquer manifestação de intenção colocada no mundo adiciona uma pequena "ondulação ao lago", como se uma pequena pedra fosse jogada na superfície – os efeitos causados por consciências despertas, com intenção não-egoísta e alinhadas a um Propósito maior e coletivo podem agir como o despejar de um rochedo dentro das águas do lago.

O quanto estão plenamente conscientes de seus atos e intenções cada um dos seres hoje? Que todos os seres que sejam capazes de foco, intenção pura e manifestação de energias alinhadas ao propósito tenham o discernimento de emanar as devidas intenções para todos os seres no Mundo. Que saibam emanar com todas as suas forças, pela mudança e pelo alinhamento ao novo mundo. Com amor incondicional e positividade, mas de modo coerente com o Propósito de estimular as mudanças.

Como disse Gandhi: "seja a mudança que você quer ver no mundo".

E para ser essa mudança, é importante um entendimento fundamental:

Você é o que você FAZ.

Você É o que você FAZ. Não é aquilo que você "sabe", ou o que você pensa que é. Não é aquilo que outros pensam que você é. Todas as intenções que não são postas em prática criam apenas uma "impressão de saber". A auto-ilusão sobre o domínio de si mesmo e sobre as suas próprias capacidades. É uma das mais sutis, insidiosas e difíceis camadas do ego a serem vencidas.

Se, lendo essas palavras, você pensou em coisas que outra pessoa não consegue fazer, aí está seu desafio: concentre-se em aprender a não julgar seu semelhante.

Tantas e tantas vezes os maiores mestres de todas as linhas recomendaram: Não julgar. Tantas e tantas vezes o ego se apresenta, vestido de sabedoria, disfarçado de preocupação com o "outro" com olhos apenas para a ilusão na qual o "outro" está envolto... e tantas vezes isto é apenas mais uma camada, impedindo que se faça o verdadeiro exame de si mesmo.

Cada momento usado no julgamento de outrem é uma oportunidade perdida para conhecer a si mesmo.

O Poder das Palavras

Temos uma tendência, estimulada em nós desde muito cedo, a valorizar muito a palavra, especialmente falada. Desde pequenos, somos tremendamente estimulados a falar, e quando bebês, nossos pais fazem festa cada vez que dizemos uma palavra nova. É a forma de comunicação "oficial" da humanidade, e a prezamos, não sem razão.

Mas como tudo no plano material, há dualidade na fala e na palavra. Ela é uma bênção, e por ela nos desenvolvemos. Ela pode ser, quando mal usada, um sério entrave ao nosso desenvolvimento. Além da possibilidade de usar as palavras de modo negativo, para ferir nosso semelhante, que é apenas o modo mais óbvio de usar mal as palavras, muitas vezes usamos a fala como quem usa um disfarce, como quem coloca sobre a face uma máscara, com o objetivo de ocultar, fingir ou distorcer o que efetivamente somos ou os nosso problemas reais. Tudo isso é velho conhecido de qualquer um que tenha feito análise e terapia pela fala.

Muita gente, ao sentir-se pressionada ou nervosa, fala incessantemente. Outros riem. Muitos produzem sons. Produzir sons, como aprendemos desde muito cedo, nos reforça o senso de identidade. Qualquer som que produzimos é algo que colocamos no mundo, é algo que justifica, ao menos para nós mesmos, nossa existência naquele breve instante.

E é dessa sensação de "confortar-se por justificar-se" que nascem muitos de nossos problemas. Ao ser criticado, nada é mais fácil que reagir. É como o animal dentro de nós aprendeu que as coisas "sempre foram": Bateu, levou. Falou, ouviu. É preciso auto-conhecimento, sutileza, inteligência e verdadeira compreensão para não reagir. Qualquer animal é capaz de reagir instintivamente. E isso jamais deveria ser motivo de orgulho para um ser humano, antes, muito pelo contrario.

Alem dessa "facilidade" instintiva à nossa disposição, que tanto dificulta nossa convivência com os demais – temos um nível mais sutil e difícil a identificar neste assunto: o auto-engano nascido das palavras.

Todos já passamos por situações onde alguém, num momento, nos falou de sua grande disposição para fazer algo, mas jamais colocou em prática suas palavras. E todos conhecemos pessoas que fazem isso sistematicamente. Para muitos, "falar sobre" é quase um estilo de vida. Há os que falam sobre saúde e bem estar o tempo todo, mas jamais tomam as providencias para mudar suas vidas de modo a acompanhar seus discursos. Há os que falam o tempo todo sobre viajar – mas nunca deixam o lugar onde vivem. Há os que falam incessantemente sobre ajudar o próximo, viver de um modo mais humano, sem jamais moverem-se nesta direção. Há os que falam sempre sobre todos os livros que querem ler, mas raramente viram uma página.

Na verdade, não importa qual seja característica ou o assunto escolhido: a atitude, e até o "vício" é absolutamente o mesmo.

O vício das palavras vazias, neste caso. Ao falar sobre o assunto, viver nele enredado, cria-se a sensação, absolutamente ilusória, de que o "assunto" esteja, de fato, inserido na sua vida. Não está. Está apenas substituído por uma falsa sensação de movimento e de valor. Que não corresponde a absolutamente nada. É exatamente como a dizer aos seus convidados que há muito pão na cozinha. Eles podem acreditar na sua palavra. Mas no momento em que você for servi-los, terá os pratos vazios. Nada há para ser servido. Nada há para que você mesmo se alimente.

Há situações onde o "falador compulsivo" porém, prejudica-se muito mais: aquelas com o foco de suas compulsão nos assuntos negativos, reclamações, doenças, comentários sobre pobreza ou dificuldades – sejam estas as suas ou as dos outros.

O vício de falar sobre os problemas alheios é dos mais comuns. É um comportamento clássico do auto-engano. Gerado pelo ego, que domina o "viciado" com a auto-ilusão de que ele é um altruísta que se preocupa com o bem-estar do semelhante. Esse comportamento é, em tudo, absolutamente diferente da AÇÃO. Se você sabe que alguém precisa de ajuda, vai lá e fornece essa ajuda, resolve o problema ou pelo menos FAZ algo para tentar efetivamente ajudar diretamente quem tem o problema; ISTO é cuidar do semelhante. Mas falar dos problemas a terceiros, comentar ou sensibilizar-se com a própria proficiência em descrever os problemas alheios é um comportamento que não apenas não serve ao propósito de ajudar "o outro". Serve para alimentar o seu ego de "altruísmo vazio" e preencher horas sem fim com lamentação inútil que não oferece benefício a ninguém.

O vício de descrever minuciosamente, quase com luxúria de detalhes, todos os seus próprios problemas e desafios é outro desses comportamentos clássicos de auto-engano gerado pelo ego. Utilizando-se, (às vezes alternadamente), dos papéis de "vitima" ou "mártir", o ego consome horas em lamentação não apenas inútil, mas que drena completamente a energia do lamentador. Se você tem um problema e pede ajuda a alguém para FAZER algo a respeito, resolver, mover-se, agir; isto é positivo. Mas apenas falar a respeito cria, mais uma vez, o espaço da falsa "atividade": ao colocar no mundo, por meio de palavras, todos os detalhes exaustivamente repetidos de todos os problemas que você tem, desde o trânsito do dia até o quanto sofreu com uma situação estressante na semana passada, o lamentador "revive" constantemente sua situação de "vitima e mártir", reforçando essas sensações; que o ego utiliza com alavancas para a auto-comiseração. Bastante característico desse problema é um excessivo apego ao passado: o lamentador deste tipo jamais consegue esquecer. Guarda todos os detalhes negativos de tudo que viveu com uma espécie de "carinho de colecionador". Sim, porque ele compulsivamente coleciona desgraças. E como todo colecionador aficionado, não consegue perder uma chance de exibir a sua coleção a qualquer um que possa constituir público.

Ao exibir sua coleção, o lamentador colhe os suspiros e as expressões de compreensão dos demais como se fossem aplausos à sua abnegação, como se fossem reconhecimento à sua condição de vítima perpétua e mártir da humanidade. E utiliza esses reforços psicológicos para justificar toda e qualquer falta de ação, erro ou incapacidade de mudar. Os lamentadores justificam-se sempre, e muito. E usam muito frases conclusivas como "então, vendo tudo isso pelo que passei, você entende porque não pude, mesmo, fazer aquilo que eu sei que deveria ter feito?"

E com esta frase chegamos exatamente ao âmago da razão pela qual o ego empreende todo esse trabalho: manter o Ser paralisado, imóvel, sem evoluir um só passo na direção de qualquer atitude, mantê-lo totalmente aprisionado em sua própria zona de conforto. A lamentação é a "matéria" da qual é feita esta zona de conforto onde o ego mantém o Ser em imobilidade.

Considere, seriamente, falar menos. Considere, seriamente, quando e porque discutir os problemas dos outros. Considere, mais seriamente ainda, se de fato é útil e necessário falar a todo instante sobre os seus problemas.

Se você quer se manter no auto-engano, fale muito e constantemente.

Se você quer ajudar alguém, e a si mesmo, aja.

Se você tem alguma dúvida sobre se você reclama muito, pergunte a alguém que convive bastante com você, alguém próximo o bastante para ser sincero. Peça a essa pessoa que responda sinceramente se você reclama demais ou se fala demais sobre os problemas dos outros. Ao fazer isso, prepare-se para ouvir a resposta até o fim, em silêncio. Não interrompa, não justifique, não rebata. É a opinião do outro que pode ajudá-lo neste caso. Se você tem este problema e não se deu conta disso claramente, isso mostra que a sua opinião não pode ajudá-lo na tarefa de identificar este comportamento.

Tomar consciência do problema é um primeiro passo importantíssimo para resolvê-lo. Ele não desaparece imediatamente porque você ficou consciente disso. Será necessário lembrar-se e exercitar-se neste sentido. Pode ser útil dar a si mesmo um modo de lembrar disso, nos primeiros tempos. Faça isso: dê a si mesmo um lembrete a respeito, algo que você possa ver facilmente, como um bilhete no espelho ou na geladeira. Uma fita amarrada no pulso ou um anel colocado numa das mãos, especificamente com o propósito de lembrar você sobre isso, também podem ajudar. E lembre-se: você nao precisa explicar porque colocou o bilhete no espelho ou o anel no dedo. Você não precisa falar sobre os seus desafios a todos, o tempo todo.

Aquilo que não se encontra em sua mente não pode escorregar e sair pela sua boca.

Aquilo que lhe vai na mente, na alma e no coração, é muitas vezes expresso por palavras escritas ou faladas; acompanhadas ou não de gestos e entonações que lhes sublinham e reforçam os sentidos. Elas são, é verdade, um recurso limitado e impreciso – e ainda assim, são o melhor recurso do qual dispomos para grande parte de nossa expressão pessoal.

É amplamente conhecido que a cada língua corresponde, de

certo modo, um sistema de pensamento, ou ao menos um angulo mental que demonstra, ilustra, influencia e deriva de cada cultura. Povos tem palavras para designar aquilo que lhes é relevante, seja pelo valor ou pela ampla presença em suas vidas.

Assim, as palavras que usamos são, consciente ou inconscientemente, expressões do que pensamos e sentimos, expressões do que somos. Nossas palavras são "postos avançados" de nosso ser interior. E muitas vezes, expressam coisas que estão dentro de nós e que ainda sequer nos demos conta. Por mais que se questione muitas das teorias apontadas por Freud, uma de suas mais preciosas observações diz respeito ao famoso "ato falho". Aquela palavra ou ato que tão reveladoramente "escorrega", e que tantas vezes vem logo acompanhada da expressão "eu não quis dizer isso". Querendo ou não, foi o que disse.

Quantas vezes cada um de nós "aprendeu" ouvindo a si mesmo? Quantas vezes foi ao comunicar e definir em palavras que realmente concebemos e apreendemos algo que, antes disso, nos parecia vago?

Daí a importância fundamental de atentar para as nossas palavras. Elas são nossa expressão no mundo e re-alimentam nossa própria mente pela repetição e uso. E as palavras que usamos revelam o que está em nossas mentes. "Era apenas brincadeira"; "foi só um modo de dizer" – você pode escolher um milhão de modos de sair pela tangente. Mas uma palavra não pode "sair pela boca" sem que a idéia correspondente estivesse presente em sua mente.

Quase todas as pessoas tem maneiras próprias de expressar-se, e "palavras favoritas". Conheço uma pessoa que usa muito a palavra "infinitamente". E este é um exemplo interessante: demonstra uma vontade de marcar profundamente uma diferença, deixar muito clara uma posição: Tal coisa é infinitamente melhor que tal outra. Parece um pouco exagerado – mas reflete uma grande vontade de clareza.

Há pessoas que usam tanto certas palavras que ficam até conhecidas por isso: conheci certa vez um rapaz que era chamado pelos amigos de "João Fantástico"... porque usava sempre este adjetivo para tudo que lhe agradava.

Agora pense por um instante: quais são as palavras que definem a sua linguagem? Quais são as palavras que você diz o tempo todo?

Quais são as palavras mais associadas a você?

Se ficou em dúvida, pergunte a alguém que convive muito com você.

Lembre-se: cada palavra dita é algo que você ESCOLHE colocar no mundo. E o mundo, mais cedo ou mais tarde, devolve tudo que recebe.

O Poder do seu Silêncio

O silêncio é o recurso mais sub utilizado pelo ser humano. Em grande parte porque o silêncio é absolutamente esquecido nas grandes cidades. Não existe silêncio nas metrópoles. Na falta de silêncio, como ouvir a si mesmo? Como ouvir o sutil sussurro da intuição em meio ao caos da cacofonia urbana? Afaste-se por uns dias e descubra: boa parte do cansaço... é cansaço sonoro, é a falta do silêncio.

Sabemos bem; nada disso é por acaso. A "música" frenética, as luzes piscantes e o falatório incessante transformam a trilha sonora do cotidiano de uma metrópole num infinito "comercial de ofertas imperdíveis", embalados por um onipresente senso de urgência. Tudo isso é apenas o som da Matrix rodando seus programas de condicionamento em volume máximo de distração. Porque aquele que não pode pensar, compra. Aquele que não tem paz, gasta. Quem não tem um só instante de reflexão profunda e verdadeira, "necessita" urgentemente do próximo sonho de consumo "indispensável".

Se você imagina que não pode fazer nada para colaborar com um ambiente sonoro mais saudável, considere ao menos que nascemos com dois ouvidos e apenas uma boca. Há nisto uma sábia proporção:

Ouça o dobro, fale a metade.

Não é fácil

Em diversos comentários e debates sobre consciência, despertar interior e auto-conhecimento, deparamo-nos com a recorrente expressão "sim, entendo tudo isso... mas não é fácil" ou "compreendo o que foi dito, mas isso tudo é muito difícil".

Essas expressões são algo extremamente perigoso: normalmente elas são usadas como um "fecho", uma frase que é dita no final de uma conversa, e colocada ali, sinaliza uma reação interna: sinaliza que está sendo construída uma " ponte para a fuga".

Muitas vezes, quando falamos de auto-conhecimento e desenvolvimento, tocamos em pontos delicados, autocrítica, rever atitudes, olhar para dentro. Esse é o desafio de fato, porque olhar pra fora e apontar responsabilidades externas é sempre fácil: o erro do outro é sempre evidente. Apenas os nossos próprios é que se escondem de nós mesmos.

Uma das reações mais comuns e primárias é a negação: e sabemos que enquanto a pessoa nega o seu comportamento, naturalmente não pode modificá-lo. Entretanto, a negação é uma atitude clara. Já a atitude do "é difícil" é bem mais sutil e por isso retém mais gente no caminho: muitas vezes a pessoa tem a sensação de que de o reconhecimento ou o entendimento do problema iniciaria automaticamente a mudança. Não é assim. O reconhecimento é importante, mas em si, ainda não é solução para nada.

É apenas um passo adiante em relação à negação... mas é ainda, um passo antes da mudança. A expressão "é difícil" sinaliza que a pessoa, enfim, tomou conhecimento; reconheceu algo em si mesmo que precisa mudar. E uma vez reconhecido, pode iniciar uma mudança.

Reconhecer não é mudar. Agir de modo diferente é mudar.

É nesse ponto que surge a tentação de criar a zona de conforto da "dificuldade"; escorar-se nela para a fuga ou o adiamento. Com isso, inicia-se um ritual de repetição interminável da mesma atitude, com o comentário sobre o quanto é "difícil mudar" sendo usado como desculpa, justificativa, ou ambas as coisas. E enquanto esse "ritual da valorização da dificuldade" persiste, nada está sendo feito. É apenas auto-engano.

O comportamento recorrente de afirmar vezes e vezes sem conta a "extrema dificuldade" que existe em iniciar uma mudança, em primeiro lugar, é uma completa obviedade: é claro que não é simples para a pessoa em questão. Ela, mais que qualquer outra, sabe disso. Então, porque ela insiste tanto em repetir isso? Porque é assim que se constrói uma "zona de imobilidade", ou uma "ponte de fuga".

Enquanto ela destaca aos quatro ventos a "imensa" dificuldade que tem à sua frente... ela está, na verdade, justificando para si mesma a permanência na atitude. Aumentando o "tamanho simbólico" da dificuldade; nutrindo a dificuldade, ela está justificando, também para os outros; mas principalmente para si mesma; que permanecer naquela atitude é "aceitável", dado que seja "tão difícil" mudar.

Entretanto, o ser humano empreende em sua vida uma série de atividades que não são simples, nem fáceis, nem confortáveis. Pense por um instante no momento em que uma pessoa decide ser médico, por exemplo. Bem rapidamente, recapitulemos: quando decide fazer isso, a pessoa em questão sabe que terá de estudar anos a fio; dedicar-se por vários anos; fazer residência, deixar de lado uma série de hábitos confortáveis. E o mesmo é verdade para qualquer outra formação, em algum grau. E, entretanto, as pessoas tomam essas decisões e fazem isso todos os dias. Porque entendem que aquilo que querem tornar-se é importante para elas. E por isso, empreendem o esforço necessário. Não ficam falando o tempo inteiro sobre a dificuldade envolvida em tornarem-se médicos, ou advogados, ou seja lá o que for.

A pergunta, então, é muito clara: você quer tornar-se uma pessoa melhor, aprimorar-se, ganhar auto-conhecimento, atitude? Tornar-se alguém melhor é importante o suficiente?

Se é, mova-se. Faça. Abrace com toda a disposição todos os momentos e desafios necessários para tornar-se tudo o que você pode ser. Não permita que o "palavrório" interna do ego repita o tempo todo uma conversa inútil sobre "dificuldades".

Fácil é não fazer nada.
Fazer nada leva a lugar nenhum.

AS TRÊS CAMADAS

Grande parte do desafio de viver no Novo Mundo refere-se à construção de pontes entre várias linhas de pensamento e sistemas de crenças. A divisão criada através dos séculos entre os diversos sistemas de crenças não colabora para o entendimento entre os seres. Ao mesmo tempo, cada cultura e cada região do mundo tem suas próprias vivências e seus próprios modos de viver, pensar e crer. Não é eliminando as particularidades que construiremos harmonia. Não é a tentativa de converter outros ao seu sistema de crença que lhe possibilitará compartilhar um mundo mais harmônico. É o reconhecimento da validade dos princípios corretos em diversos sistemas de crenças, manifestados de muitos modos e por muitos nomes, e entretanto, absolutamente iguais em sua essência e fundamentos. Todas as religiões e filosofias significativas e importantes tem uma origem comum, uma verdade subjacente que sustenta os sistemas de crença em todo o planeta. Essa verdade recebe vários nomes e é comunicada em diversos idiomas e culturas, e o que nos cabe hoje é buscar, ativamente, os pontos concordantes que unem as crenças e possibilitam a troca de ideias entre todos os seres. E para isso, é preciso antes de tudo entender como buscar essa concordância entre sistemas aparentemente muito diferentes, mas essencialmente, muito semelhantes. Podemos basicamente definir qualquer sistema de crenças em 3 camadas, e o entendimento dessa estrutura pode ser de grande ajuda na harmonização e na construção do diálogo entre linhas de pensamento diferentes.

Simbólica

A primeira camada, a mais externa para qualquer sistema de crenças é a camada Simbólica. Esta é a camada normalmente associada às formas rituais, usualmente praticada pela maioria das pessoas em todas as crenças. É a camada onde os símbolos, imagens e relíquias de uma religião são muito valorizadas. E é a camada mais visível e popular de qualquer religião, a que é conhecida pelo maior número de seus praticantes.

É preciso entender que os símbolos de qualquer sistema de crenças tem uma relação direta com a representação de suas idéias – mas a representação não é a ideia completa; tanto quanto a foto de um tigre não é um tigre: é uma representação, de alguma utilidade, porém infinitamente simplificada, inclusive no que pode representar alguma experiência e vivência reais. O que se pode conhecer de um tigre por meio de uma foto é uma aproximação; uma simplificação extremamente grosseira. Ainda assim, é mais do que se pode captar das idéias religiosas por trás de cada símbolo. E isso é assim em todas as religiões.

A camada simbólica é normalmente aquela que é passada culturalmente através do meio familiar e do estilo de vida associado à crença. É normalmente a parte do sistema a religioso que é entendido pela maioria das pessoas. E são essas pessoas que as comunicam para seus descendentes, na maior parte dos casos, na nossa sociedade atual no planeta. Desse modo, é claro, recebendo informações parciais e de "segunda mão", a maioria das pessoas jamais aprofundou-se no entendimento sequer dos próprios símbolos religiosos adotados pela sua própria crença. Esta tendência criou toda uma distorção profunda, na qual as pessoas atribuem poderes a objetos; quando na verdade, o objeto é apenas um símbolo, um ponto focal para que o aspecto espiritual seja canalizado; é apenas um meio para que a mente possa concentrar-se, ligar-se a uma ideia, um conceito, um pensamento. Isso é importante porque pensamento é forma. Ou, antes, pensamento é energia, que tomará forma de um modo ou de outro, consciente ou inconscientemente, e se manifestará no mundo – algumas vezes no mundo físico, material. Outras, primeiramente no mundo emocional ou astral; e de lá, muitas vezes lentamente, fará seu caminho até manifestar-se na vida cotidiana.

Funcionando como ponto focal, o símbolo pode ser bem utilizado, e tem um propósito. Mas a criação de apego ao símbolo constitui um sério problema e impedimento. Mais ainda, a camada simbólica cria tendências de exclusão: excluir ou invalidar os símbolos de outros sistemas de crenças. Isso não apenas é uma atitude indevida; mas é, alem disso, uma atitude que denota uma ignorância fundamental: a ignorância de que todos os símbolos "conectam-se" em seus sentidos e conceitos a um pensamento subjacente, um sistema de crenças que está na base de todas as principais religiões do mundo em todos os tempos. É algo equivalente a opor-se a uma palavra porque ela pertence a outro idioma, que não é o seu. Por exemplo, em português, dizemos "porta". Em inglês, diríamos "door". Em espanhol, "puerta". Acaso seriam 3 conceitos diferentes? Qualquer um dos termos refere-se exatamente a mesma ideia. Portanto, seria absolutamente ridículo contradizer o sentido, apenas porque a palavra é diferente. Muitos símbolos e termos religiosos funcionam exatamente assim: as diferenças simbólicas são como "idiomas" diferentes, expressando o mesmo conceito.

Dogmática

Em seguida, temos uma segunda camada, que é a composta pelo conjunto de dogmas de cada religião. O significado grego da palavra Dogma é semelhante a "opinião", com um significado positivo, ou seja, uma "opinião que lhe agrada". E é exatamente deste modo que deveria ser entendido: o dogma é uma opinião que lhe agrada. Infelizmente, muitas religiões tomam o Dogma com um sentido diverso: muitas consideram que o dogma representa o próprio mistério, aquilo que não deve jamais ser questionado. Alguns vão alem, prescrevendo que jamais se deveria sequer "pensar" sobre o dogma, devendo este ser apenas aceito.

Este não é o caso de todas as religiões e filosofias. O sistema de pensamento ensinado pelo Buddha, por exemplo, não reconhece validade no dogma, e recomenda que jamais se aceite algo sem avaliar, pensar e questionar, independente de quem tenha feito a afirmação.

Mas o apego à tradições dogmáticas "inquestionáveis" cria uma distorção ainda mais complicada do que o apego aos símbolos. Cria a ilusão de que qualquer coisa que aparentemente questione ou desestabilize o sistema adotado deve ser "excluída do pensamento" e "desconsiderada". A atitude dogmática impede o crescimento, o questionamento e a compreensão. Ao aceitar qualquer dogma como inquestionável, o homem coloca um muro em frente de si mesmo, e passa a viver no ilusório conforto de não permitir o questionamento. Cria comportamentos extremos, de negação de evidências claras, fecha-se para as opiniões divergentes e cria a estagnação de seu próprio caminho evolutivo.

O "dogmático" é normalmente mais aprofundado que o "simbolista", e tem apegos ainda mais profundos às "suas verdades", porque crê conhecer "o sentido dos símbolos", quando na verdade, o que conhece é "UM sentido para os símbolos". Mas, apegado à "opinião que lhe agrada", o dogmático cria divisões, pensa em termos de nós versus eles, pensa em termos dos "meus" e dos "outros", que são sempre aqueles que não aderem ao mesmo dogma.

Filosófica

Apenas na terceira e mais profunda camada pode residir o sentido verdadeiro de qualquer sistema de crenças. É na filosofia, ou seja, no pensamento subjacente a qualquer doutrina, que reside de fato a possibilidade de algum entendimento real, e a possibilidade de criar harmonia, compartilhamento e co-operação entre os seres de diferentes tradições, regiões e religiões.

É nesta camada muito menos popular e pouco visitada das religiões, que encontramos o entendimento entre elas; e os muitos, inúmeros pontos de concordância entre todos os sistemas realmente importantes e relevantes. Para além dos símbolos e dos dogmas – existe o pensamento livre deles. A atitude de buscar, de entender, de pesquisar e examinar. Inclusive, de examinar e debater com outras linhas de pensamento para construir pontes de entendimento, encontrar pontos em comum que permitam construir colaboração, boa vontade e compartilhamento.

Esta é a camada das religiões onde todas elas mais se assemelham. Mas enquanto os homens não vivem a camada filosófica de suas religiões, não conseguem estabelecer uma ideia de unidade, colaborativa e construtiva. E veja que existem idéias subjacentes, na fundação de todas as grandes religiões, que recomendam o amor, a caridade, o compartilhamento, a atitude compassiva para com o semelhante. É interessante notar que entre os líderes religiosos costuma existir muito mais aceitação e entendimento das diferenças entre as crenças do que entre os seus "seguidores" leigos e seus praticantes "ocasionais". É famosa a profunda amizade entre o Dalai Lama (líder espiritual do budismo Tibetano) e um importante Rabino de Israel que faleceu em 2013. Do mesmo modo, é comum que lideres de muitas religiões participem de encontros; conversem entre si e procurem construir pontes de entendimento. Isto acontece precisamente porque estes indivíduos estão pensando e trabalhando na camada filosófica de suas respectivas crenças, o que os induz a reconhecer a validade de outros sistemas de pensamento pelas semelhanças que eles guardam, ao invés de contrastá-los pelas diferenças exteriores das camadas dogmática e simbólica.

Este é o caminho natural de todo pensamento religioso no Novo Mundo: reconhecer-se pelas semelhanças e criar unidade de propósito. É difícil afirmar, quanto tempo transcorrerá até que um cenário de mais aceitação e unidade de propósito alcance todas as religiões. Entretanto, visto de uma perspectiva ampla, é inegável que muito se caminhou nos últimos séculos. Colocar o bem comum no centro da atuação de todas as religiões é o caminho natural e este, por sua vez, levará à diminuição da importância das camadas exteriores. Ainda que gradativa e lentamente, o futuro conhecerá um pensamento religioso de unidade e serviço ao bem comum, independente de língua, região de nascimento ou até mesmo da conservação de hábitos exteriores característicos de cada região.

Interessante notar, inclusive, que as religiões tradicionais xamânicas de todo o mundo, praticadas pelos povos originais de cada região, compartilham um nível de concordância muito grande, independente do fato de que cada região tenha práticas adequadas e derivadas de seus elementos naturais e da natureza do local.

A CORDA SOBRE O ABISMO

"O homem é uma corda estendida entre o animal e o super-homem. Uma corda sobre um abismo"

F. NIETZSCHE

Sobreviver é o desafio básico para qualquer animal. Para aquele que é um homem, o fato de ter, neste plano, uma "parte" ou "origem" animal não significa nada além do ponto de partida, que deve ser superado para que se empreenda a caminhada rumo a realizar-se como um ser espiritual vivendo uma experiência na matéria.

Sempre que baseamos qualquer raciocínio partindo do animal, chegaremos a justificativas para qualquer atitude, por mais individualista e ignorante que seja. Porque o ponto de vista do animal é apenas aquele da sobrevivência, excluindo todos os compromissos éticos e morais. É o ponto de vista pelo qual os fins justificam os meios.

Do ponto de vista do animal, a insatisfação nos moveu adiante e nos fez criar e alterar nossa realidade. Igualmente, partindo do animal, qualquer situação poderá ser respondida com aquela frase tão verdadeira quanto inútil: "tem gente em condições muito piores que a sua". O problema reside justamente em colocar o homem em comparação com aquele que teria sido seu ponto de partida. O mesmo ponto que "justifica" o apego do homem aos seus medos, por exemplo, porque foram úteis enquanto este vivia de modo parecido aos animais. Sempre que colocarmos a comparação com o ponto de partida, teremos feito progressos, nada poderia ser mais óbvio.

Antes de tudo, é importante destacar que a teoria da evolução das espécies proposta por Darwin, embora ofereça muitas explicações corretas naquilo que contém, é uma teoria incompleta; ou seja, há muitos problemas com os limites que a teoria aponta. De todo modo, é uma teoria evolutiva que se propõe a explicar as espécies no aspecto físico, biológico, da vida na matéria. Portanto, naturalmente a teoria estaria sempre muito limitada, posto que somos seres Espirituais vivendo uma experiência na matéria. Mas o problema fundamental e talvez mais profundo com a aplicação da teoria darwiniana aos seres humanos é considerar que estes pertencem ao reino animal, sem fazer distinção de nenhum tipo em relação às outras espécies animais. Assim como os fungos compõem um "Reino à parte", no sentido de que são formas de vida não inteiramente classificáveis como vegetal ou animal, porque suas características não cabem nas classificações desses reinos, no caso do ser humano, Homo sapiens sapiens, portador de um tipo único de consciência, um conjunto lógico de capacidades que em nada se assemelha a de outros animais, por simples questão de bom senso deveria ser considerado uma espécie pertencente a um "grupo" diverso. E note bem que "diverso" não significa necessariamente "superior". É apenas uma divisão de grau na escala da vida. Essa visão do "Reino Humano" não é absolutamente nova, e está presente e profundamente detalhada nas obras Isis sem Véu e principalmente A Doutrina Secreta, de Helena Blavatsky, (fundadora da Sociedade Teosófica), assim como nos ensinamentos de Djwal Khul através dos livros de Alice Bailey e Joshua David Stone. Assim como os humanos não devem ser incluídos como parte indistinta do reino animal, os golfinhos e botos (delfinóides) também não devem – e isso é tão claramente científico que em 2013 os golfinhos foram declarados pela comunidade científica da Índia como "indivíduos não-humanos"; ou seja, seres distintos da classificação comum do reino animal.

Portanto, qualquer ser humano que se utiliza da desculpa de ser um "animal" (apenas porque conserva, sim, elementos de natureza animal, que deveriam estar há muito tempo devidamente sob o controle de sua vontade, consciência e capacidade lógica) para justificar comportamentos destrutivos ligados a instintos, ataque, medo e sobrevivência, está escolhendo uma muleta constituída inteiramente de "falsa lógica", e, muito francamente, vergonhosa: escorar-se na inocência dos animais desprovidos de lógica para justificar comportamento egoísta ou violento é uma das atitudes mais vexatórias que se pode imaginar num ser humano, espécie "dominante" e parte de uma sociedade que é capaz até mesmo de entender e declarar que a diferença de consciência dos golfinhos não permite que os classifiquemos no mesmo nível dos outros animais.

É, portanto, essencial que compreendamos que somos algo diverso na escala evolutiva para que possamos mudar as bases do nosso comportamento, até o presente momento em grande parte baseado em estratégias animais de sobrevivência. Mesmo dentro dessa perspectiva pobre e mal justificada, os humanos foram capazes de evoluir no modo como vivem, continuando a existir como espécie e obtendo amplo domínio sobre o seu meio. Ao contrário de todas as outras espécies, que adaptam-se ao ambiente e dele são efetivamente parte integrante, o homem muda o ambiente em função daquilo que entende que são as suas necessidades. Isso levou a muitas mudanças positivas e negativas, mas não eliminou os comportamentos animalescos de sobrevivência, que foram gradativamente sendo adaptados e utilizados como base para a construção de uma sociedade de consumo construída exatamente sobre as bases do egoísmo, do medo da escassez e da sobrevivência do mais apto.

Conservando as bases darwinianas e alimentando o medo e a competitividade extrema, chegamos, por volta do século XX e neste início do século XXI, a um modo de vida e uma organização social centrada no sistema monetário que é o suprasumo do que há de mais enganoso, inadequado e ilusório. Um sistema que produz, intencionalmente: insatisfação, fome, violência e guerras; que não corresponde aos anseios da imensa maioria dos seres humanos; não faz sentido em termos de ambiente planetário e sobrevivência da espécie e produz um grupo extremamente reduzido de indivíduos vivendo em abundância material, às custas de bilhões de seres (humanos, bem como de todas as outras espécies) que vivem de modo completamente inadequado.

A busca frenética de suprir a insatisfação criada pelo consumismo é: se o seu carro não for maior e mais novo, se não houver 5 automóveis e 200 pares de sapatos, você não pode ser feliz. A insatisfação provocada artificialmente pelas forças do mercado aprisionam o ser humano numa roda de endividamento que o mantém trabalhando por objetivos risíveis: ou seja, apenas para evitar a falência. O que o sistema de consumo deseja é o homem à beira da insolvência, sempre: porque este é o único homem que pode ser plenamente controlado e que faz qualquer coisa por dinheiro; aquele que endividou-se a ponto de vender sua vida.

A economia de mercado baseada na competição já deu largas provas de que, embora superior em liberdades individuais e políticas quando comparado ao estado totalitário, não representa resposta satisfatória; e que já alcançou, há muitos anos, seu pico de benefício, tornando-se hoje destrutiva num nível intolerável. Desde 2006 temos recursos suficientes no mundo para que não haja sequer um ser humano, uma só pessoa passando fome. Mas, continua havendo; porque ao mesmo tempo, 90% da produção de grãos do planeta neste ponto da história é utilizado para alimentar animais, especialmente gado; que por sua vez é consumido apenas por uma fração da população mundial.

O fato é que este sistema não foi feito para servir às pessoas e prover o seu bem estar. Foi feito para obter o lucro através das pessoas, para uns poucos. Assim como as cidades não foram feitas para as pessoas, mas feitas para o sistema de "lucro através das pessoas". Todo o sentido se corrompeu, e por muito tempo nada mais foi feito para o homem - e sim para o lucro de alguns homens.

O caminho da mudança

Não há compreensão ou caminho possível, enquanto não passarmos a olhar para a frente, para o outro lado do abismo: só deveria interessar o ponto futuro, a meta, a realização.

Nossa porção física é apenas uma passagem. O atual modelo de consumo equivale a planejar toda a vida de um Ser para atender a um aspecto menor deste ser: você desenharia toda a sua existência para atender o que precisa como estudante da escola primária? É uma condição transitória, a do físico. O que somos não se limita a isso.

Passaremos pela matéria e a deixaremos. Portanto, viver com o foco apenas nas necessidades de um veículo temporário é trabalhar pela conveniência do carro, esquecendo-se do motorista. O carro não vai a lugar nenhum. Ele só existe para levar o motorista. Mas isso é típico da ilusão desta época: quase todas as cidades, hoje, são feitas para os carros, e não para as pessoas.

O que transforma a referência e o objetivo, do ponto passado para a meta; e de egoísta em altruísta é o amor incondicional. Dissolvendo o ego, passamos a considerar que o outro, o serviço ao outro e o bem de todos é o que importa. O Amor incondicional a tudo e a todos é o que elimina o ego e o egoísmo. Como haveria egoísmo onde não há ego? Onde não há ego, há integração, bem comum e o entendimento que na verdade, não há muitos, não há eu e você, não há nós e eles: SOMOS TODOS UM.

Estamos destinados a nos tornar seres criadores. Este é o super-homem que nos espera, do outro lado do abismo. Somos a corda estendida sobre ele. Mas para realizarmos nosso potencial criador, temos de completar a travessia e deixar para trás o animal que é nada mais que nosso ponto de partida. Sejamos gratos à parte animal que nos trouxe até aqui. Mas precisamos nos despedir de nosso apego a ela para realizar nosso destino e tornarmo-nos criadores.

O MATERIALISMO ESTÁ MORTO.

"Deus está morto."

F. NIETZSCHE

Nietzsche, em seu Assim Falou Zaratustra, de 1883, que tornou famosa a frase "deus está morto". Foi incompreendido, como é tão comum a todos que trazem idéias novas ou as registram em frases emblemáticas como ele fez. Claro está que isto é válido quando em referencia a um "deus pequeno, vingativo e excessivamente humano" ou seja, aquele criado pelos homens à imagem e semelhança do próprio homem. Um arquétipo conveniente ao mundo medieval, declarado morto desde o século dezenove: morto para a relevância, morto para o mundo pensante.

Bem sabemos que mesmo este arquétipo vencido continua ocupando espaço em muitas cabeças mundo afora, mais de um século depois disso tudo. Porque este mundo é muitos mundos, porque a fome de pão e a fome de conhecimento foi sempre o estado no qual se preferiu manter grande parte do povo em nas eras governadas por poucos, aqueles que se aproveitam da fome e da ignorância para manter cativos os homens.

Mas vemos que hoje, no século XXI, este arquétipo morto não fala mais às novas gerações. Estas não se identificam com ele minimamente, não concebem em que cela escura da alma alguém poderia acreditar em tal deus humano e falido. E isso é por demais evidente para merecer muita discussão a respeito – mesmo considerando que há ainda hoje filhos famintos de pão e de luz, vivendo na ignorância professada por seus ancestrais.

Mas há hoje uma nova morte sendo anunciada, insistentemente, ainda (intencionalmente?) ao largo da devida atenção da grande mídia: A morte do materialismo.

Esta crença na matéria como única realidade; talvez a mais estranha dentre tantas crenças bizarras as quais o homem foi sempre tão pródigo em produzir; ganhou um impulso imenso com a desesperança criada no século XX, marcado por duas guerras mundiais.

Alguns anos depois de Nietzsche declarar morto o deus velho, vieram atestar o fato todas as catástrofes humanas que assolaram o mundo. Que as duas guerras tenham sido causadas pelo homem, que os dois pontos negros que marcaram a primeira metade do século passado não tenham tido um único componente natural, mas orquestrados por homens, pela política dos homens – não parece ter sido razão suficiente para que os crentes num deus velho e rancoroso vissem, nas grandes guerras, o abandono da humanidade por seu deus, aquele, literalmente, criado pelos homens.

Estes, a partir de então, abraçaram gradualmente um novo "deus", que lhes pareceu vivo e pulsante, que lhes pareceu responder aos anseios do homem. O "deus" que se fez matéria nos melhores anos do sonho americano no pós-guerra: o deus dinheiro, o deus comércio, o deus mercado. Foi este o deus que substituiu no imaginário ocidental o deus que Nietzsche declarou morto. Foi este o deus que nos anos cinqüenta abençoou os baby-boomers e deu ao homem a ilusão de ser infalível, onipresente, onipotente, onisciente. Porque por um tempo, o homem quis crer que, como panacéia perfeita, o deus mercado não tardaria a incluir a todos, distribuir suas benesses a todos; ainda que não igualmente; o que parecia, aliás, aos privilegiados, ainda mais uma prova de sua justiça, onisciência e infalibilidade.

Houve um dado momento na história, marcado pelo fim da União Soviética e a queda do Muro de Berlim, que pareceu a vitória final daqueles que professaram sua fé no deus mercado. Parecia então que finalmente todo o mundo poderia render-se à mesma crença, de que o capitalismo "justo" e de oportunidades livres traria a resposta, afinal.

No embalo desta fé cega, criou-se um liberalismo desenfreado, que deu aos sacerdotes do deus dinheiro o poder absoluto sobre todas as vidas, produzindo o "milagre" de criar a partir do nada: criar valor a partir do nada, criar dinheiro (mero símbolo, ou signo) a partir de absolutamente nenhuma reserva ou lastro. Pareceu um milagre, e alavancou-se o endividamento de todos a uns poucos, de um modo jamais visto ou vivido antes. Porque, segundo os sacerdotes do deus mercado; era isso que realizaria o paraíso na terra, para todos os homens, ainda que em termos do próprio merecimento individual. E esta fé foi cega o suficiente, e fez barulho suficiente, para não permitir que nenhuma voz de discordância pudesse ser ouvida, por muito tempo.

E talvez tenha sido aí, justamente nesse ponto que parecia ao mesmo tempo o ápice e o início da gloriosa vitória final – que os sacerdotes do deus mercado começaram a plantar as sementes do que viria ser a derrocada em grande escala da crença dos homens nesse poder milagroso, que produziria valor a partir do nada.

O fruto mais amargo desta fé cega foi a destruição gerada pela grande crise de 2008 – que afundou a economia do mundo, abalou as estruturas de crença nos valores materiais, e expôs, no decorrer de vários anos de crise incessante, o fato de que o rei – no caso, o deus mercado – estava nu. De que não podia sustentar em suas pernas fracas o endividamento que produziu. De que jamais criaria a benesse para todos. Que, ao contrario do que se chegou a acreditar – não podia ser maior que a natureza e a lei da vida – na qual tudo sempre nasce, cresce e chega ao fim.

Hoje, finalmente, resta estabelecido sem a menor sombra de dúvida que o crescimento infinito que seria necessário à manutenção do deus mercado não acontecerá jamais, pelas leis deste mesmo mercado.

E uma vez mais a humanidade viu-se despojada de seu falso deus. Mais uma vez viu-se jogada num poço de dúvidas e incertezas, sem um fiel na balança, sem resposta possível. Viu-se envolvida num enorme ponto de interrogação. E ao ouvir os sinais do desmoronamento do deus mercado, ouviu-se, ao mesmo tempo a pergunta, murmurada em todos os cantos do mundo, em milhares de línguas: – Mas... agora, o que?

Agora que o deus mercado está morto, o que? Qual a resposta possível para uma sociedade que, em grande parte, só se lembra de viver sob a regência deste deus mercado, que ora se revela um balão inflado artificialmente, cheio de ar e nada mais?

Ao mesmo tempo em que essa pergunta ecoa por todo o mundo, por todas as cabeças pensantes, estende-se o conceito, porque dá-se conta de que não é apenas o deus mercado que está morto. É mais que isso. É o materialismo (a própria fundação sobre a qual se ergueu à vida o deus mercado) que apodreceu e pende agora, por um fio, seguro apenas pelos anacrônicos, pelos mais teimosos e arraigados passadistas. Porque por mais que esses recusem-se a ver, o fato é por demais claro para ser negado:

O Materialismo está Morto.

Verdade que vinha doente (embora os sinais fossem muito esparsos para serem levados a sério por muitos) desde que Einstein, explicou que a matéria é nada além de energia, e mostrou o quanto a chamada realidade podia ser relativa. A matéria, antes base sólida inquestionável, foi mostrada nua; mais espaço vazio que propriamente "matéria". Foi provada, pelos mais agnósticos cientistas, composta de energia em movimento por espaços proporcionalmente infinitos. A idéia da solidez da matéria, como elemento constituinte e conceito fundamental, encontrou então o início da lenta espiral descendente; lento caminho de agonizar.

Mais cientistas agnósticos, ateus e materialistas estudavam, mais provavam para eles mesmos, assim como para um público cada vez mais atônito, a "imaterialidade" de seus objetos de estudo.

E neste ponto, não vou citar as muitas frases de Einstein, que jamais foi materialista, (chegou a afirmar: "Deus não joga dados com o Universo"). Prefiro antes citar Niels Bohr, outro Nobel de Física: "Tudo a que chamamos real é feito de coisas que não podem ser consideradas reais. Se a mecânica quântica não o chocou profundamente, você ainda não a entendeu."

Partes fundamentais das teorias modernas que explicam o funcionamento do cosmo indicavam há muito tempo que deveria haver, por exemplo, uma certa partícula que era ao mesmo tempo "existente e não existente", para tornar possíveis os cálculos da massa do universo. Outra parte fundamental da teoria quântica diz que, para que o modelo padrão funcione, é indispensável que existam vários universos paralelos, e as linhas mais relevantes neste sentido apontam para a existência de nove ou onze universos paralelos. Sim: quem indica a necessidade desses multiversos para explicar o funcionamento do "nosso" universo são os físicos.

O fato de termos encontrado o Bóson de Higgs em 2012 veio colocar o último prego no caixão do materialismo, na medida em que ele comprova o modelo-padrão da física que afirma: é indispensável que existam de vários universos paralelos para que o nosso universo sustente-se em existência. Chamou muita atenção o modo como a identificação do Bóson de Higgs foi recebida por muitos sábios, especialmente aqueles ligados ao Vedanta; por exemplo, Sri Sri Ravi Shankar, o sábio indiano que fundou a Organização Arte de Viver (Art of Living). Ele explicou, dias após a descoberta, como não apenas a existência da partícula, mas também o fato de que ela seria encontrada pelos sábios modernos, foi prevista há milhares de anos em textos sagrados da Índia.

Com tudo isso, o materialismo tornou-se hoje pouco mais que uma variação da fé cega pregada pelas velhas religiões do passado: estas, quando pressionadas pela realidade e questionadas, apelavam desavergonhadamente ao dogma; como se ao homem devesse ser proibido pensar. Apelar ao dogma foi o que levou a validade da fé cega a ser, justa e impiedosamente, desmantelada pelo materialismo.

Pois igualmente, o materialismo hoje, quando pressionado pela realidade e questionado em relação a seus limites cada vez mais evidentes e arcaicos, apela desavergonhadamente àquilo que chama de "coincidência ou acaso". Quando nos referimos a coincidência, aqui, é no sentido de "acaso", ou ação fortuita; e não à expressão científica da "incidência concomitante", ou seja, dois ou mais eventos acontecendo ao mesmo tempo (o que é muitíssimo mais apropriado denominar, como Jung ensinou, Sincronicidade). Ao apelar deste modo, aqueles que se apóiam no "acaso" apenas criam sua própria versão de "dogma", agindo os ditos homens de ciência como numa recusa ao pensar e mesmo a simplesmente reconhecer que há no nosso mundo vários conteúdos e fenômenos que não cabem em suas explicações. Poderiam sair-se decentemente, com uma atitude respeitável e até louvável declarando: minha ciência e meu materialismo não explicam, e pode haver mais do que nos mostra a matéria. Mas a isto, preferem escolher um caminho de ridículo atroz quando alguém que se nomeia pensador "sério" permite-se enfileirar como "necessidades " a sustentar suas teses, dezenas de coincidências, acasos e acontecimentos fortuitos dependentes de acontecimentos cuja probabilidade estatística é inferior a 0,0000000001%.

A coincidência é o dogma do materialista

O que é isso senão dar outro nome ao dogma? O que seria isso, senão outra versão da mesma vontade de negar ao homem que questione, o mais amplamente possível, sobre aquilo tudo que ainda não compreende, usando todas as linhas e todos os meios à disposição, ainda que não sejam os favoritos de alguns?

O materialismo está morto. Lembrando o que disse Gandhi sobre as novas ideias revolucionárias: esta afirmação no inicio será ridicularizada. Depois, será veementemente negada e combatida. E por fim será considerada auto-evidente, por homens que se envergonharão de ter defendido por tanto tempo um limite tão precário.

O Paradoxo

Pessoas bem informadas, com inteligência e raciocínio lógico, entendem perfeitamente o que é um paradoxo. Quando pessoas que sabem perfeitamente bem o que é um paradoxo fazem questão de manter a humanidade em busca de uma resposta; como se ignorassem o próprio paradoxo em si, estão, muito obviamente, apenas mantendo as pessoas ocupadas com uma falsa dúvida. Falsa porque não pode jamais ser provada pelos meios e dentro dos limites da pergunta formulada.

E para manter a falsa dúvida e o tempo perdido no paradoxo, a formulação da pergunta nunca muda, é sempre uma variação de "onde está a prova material"?

Isso é mantido assim porque se as pessoas se derem conta do tempo que perdem obcecadas em resolver o paradoxo; corre-se o risco de que elas se dediquem ao que interessa realmente: o que está além do paradoxo e além de qualquer dúvida.

ESTE é o paradoxo:

Não se pode provar materialmente a existência de uma realidade imaterial.

Isso não é uma busca real. É um paradoxo, um beco sem saída que não leva a lugar algum. No dia em que a humanidade for além desta falsa dúvida, tudo mais poderá mover-se.

Mas aqueles que necessitam da prova material para perseguir uma idéia promissora não serão jamais os que mudam o mundo. Os que fazem história serão sempre os capazes de confiar no que lhes diz sua intuição interior e a qualidade de suas abstrações.

Exatamente como fez Einstein ao imaginar uma realidade que era completamente incrível para seus contemporâneos. Ao permitir-se acreditar no valor de suas abstrações, ao isolar-se do burburinho ignorante que falava de limites fictícios. O mesmo gênio que advertiu ainda: "A imaginação é mais importante que o conhecimento".

AQUISIÇÃO DO CONHECIMENTO

Todos nós conhecemos o modelo de aquisição de conhecimento que utilizamos na vida: nascemos puros e sem conhecimento, e seguimos aprendendo e agregando conceitos e idéias. Porque temos grande familiaridade com este modelo, por vezes consideramos que é o único possível, ao mesmo tempo em que agimos como se este modelo pudesse ser válido como explicação da forma que a humanidade adquire conhecimentos. É necessária pouco mais que uma breve avaliação dos fatos para verificarmos que, na verdade, não é assim.

Primeiro, vamos começar com exemplos amplamente conhecidos: as cidades-estado gregas, como Atenas, tinham o equivalente a sistemas de esgotos antes da era cristã. Mas sabemos que a causa da Peste Negra que varreu a Europa (centenas de anos depois do ápice da vizinha civilização Grega) na idade média estava ligada à falta de saneamento básico e à proliferação dos ratos.

Outro destes exemplos é a afirmação de que a Terra gira em torno do Sol. Este conceito foi muito controverso na idade média, e levou homens a serem condenados e mortos por defendê-lo. O mais curioso é encontrar nos textos védicos indianos a mesma afirmação, feita milhares de anos antes, com a maior naturalidade.

Não apenas estes dois exemplos deixam abundantemente claro que a aquisição do conhecimento pela humanidade não é linear, incremental ou crescente; mas também aponta claramente para o fato de que, quando comparado ao tempo da Grécia clássica e da Índia antiga, o mundo medieval estava milhares de anos atrás nestes conhecimentos, embora estivesse muitos anos "à frente" no tempo.

É claro, também, que a incapacidade de preservar conhecimento e passá-la adiante para as outras épocas está conosco há muito tempo. Seja por acontecimentos naturais, destruição acidental ou intencional, a humanidade muitas vezes jogou fora o conhecimento antigo e foi obrigada a começar de novo, chegando tardiamente às mesmas conclusões que estavam prontas há milhares de anos.

A destruição da biblioteca de Alexandria é a marca de um modo de perda de conhecimento que tem atingido a humanidade há muito tempo. Quando olhamos para este acontecimento hoje, a destruição do maior conjunto de conhecimento do mundo antigo nos parece um descaso inaceitável, um ato de barbárie incompreensível. Atualmente, como sociedade, preferimos imaginar que não cometeríamos um erro desta magnitude.

E aí reside mais um engano fundamental, que oculta as razões pelas quais "perdemos" tanto conhecimento já adquirido anteriormente: observe o caso de Wilhelm Reich: o psicanalista foi forçado a deixar a Alemanha em 1933, ano da tomada de poder por Hitler e no qual os nazistas realizaram a queima de todos os exemplares encontrados de seus livros, assim como livros de autores como Thomas Mann, Heinrich Mann, Walter Benjamin, Bertold Brecht, Sigmund Freud, Albert Einstein e muitos outros. Após uma passagem pela Noruega, Reich estabeleceu-se nos EUA, onde começou a trabalhar e divulgar suas idéias a partir de 1942. Nos Estados Unidos, criou um instituto para o estudo do "orgone", passando a fazer muitas pesquisas, inclusive para tratamento do câncer, publicadas em seu livro "A Biopatia do Câncer". Passou, a partir de 1954, a ser perseguido pela FDA (Food and Drug Administration), foi processado e posteriormente aprisionado em 1957, ano em que cadernos de anotações e instrumentos de pesquisa foram destruídos e todos os exemplares disponíveis de suas obras, queimados por ordem do Departamento de Justiça de Nova Iorque – o que voltaria a acontecer em 1960 com todos os exemplares remanescentes que puderam ser localizados.

Veja: isto não aconteceu na idade média; mas na segunda metade do século XX. Não foi "ato de um ditador louco" mandando sozinho: aconteceu na nação mais próspera e "democrática" da época. Os estudos de Reich não eram doutrinas violentas ou preconceituosas que ameaçavam a integridade das pessoas: ele pesquisava assuntos como a sexualidade, a função do orgasmo e estava interessado em descobrir a cura do câncer.

Com tantos exemplos claros, parece bastante óbvio que muitas vezes o conhecimento perdeu-se, foi negado, ou intencionalmente ocultado, às sociedades de diversas épocas.

Este é apenas um dos exemplos mais claros e mais conhecidos, dentre milhões – e não há nesse numero nenhum exagero – milhões de ocultações, intencionais ou não, criadas pela fé cega ou pela má intenção pura e simples.

Seja qual tenha sido a razão, este tempo encerrou-se. No Novo Mundo, nenhuma verdade permanecerá oculta àquele que busca, de coração puro e intenção verdadeira.

Conhecimento: Correto, Completo, Único?

Um dos aspectos mais importantes para a aquisição do conhecimento no Novo Mundo é o entendimento da diferença importantíssima de alguns conceitos, em especial avaliar estes três termos a qualquer conhecimento:

Correto, completo e único.

Correto

A avaliação do que seja conhecimento correto é sempre circunstancial e cultural. Há 15 anos era cientificamente correto dizer que Marte era um planeta estéril e que não poderia ter suportado a existência de formas de vida que conhecemos. Hoje, a ciência veio a desenvolver novas formas de pesquisa e novos instrumentos, que mostraram que houve água em marte, e que as condições do planeta há milhares de anos eram mais propícias à criação da vida do que as condições da própria Terra naquele tempo.

Completo

O conhecimento completo sobre algo é extremamente difícil de ser obtido nas questões relevantes. O homem em geral tem o conhecimento completo só sobre aquilo que ele mesmo cria, e ainda assim, não sobre "tudo" que ele cria. O conhecimento sobre como funciona o motor a combustão, por exemplo, é bastante completo. Conhecemos em enorme profundidade cada aspecto; cabe dizer que temos um conhecimento completo sobre motores de combustão movidos a combustíveis. Mas, como nos mostrou o exemplo sobre a história natural sobre o planeta Marte, nosso conhecimento sobre o que não foi criado por nós é quase sempre incompleto, provisório e precário. Qualquer afirmação sobre o planeta Marte é incompleta, e seguirá sendo, por muito tempo. E o mesmo pode ser dito sobre o conhecimento humano sobre os seres das profundezas do mar, assim como sobre o que há por debaixo das calotas polares, ou a própria composição geológica do planeta. Há muitas formas de consciência sobre as quais o homem em geral não sabe praticamente nada. Isso, de modo algum, significa que essas consciências não existam.

Do mesmo modo, há muitas formas de se apresentar conhecimentos, e há muitos conhecimentos corretos, porém incompletos, especialmente quando tratamos de questões espirituais. Há muitas explicações corretas, porém incompletas. E como escreveu há quase cem anos um grande adepto: "a verdade, quando completa, integra todas as vertentes e divisões num conjunto harmônico, sem nada deixar de lado; explicando na totalidade sem quebrar ou excluir qualquer um dos princípios fundamentais envolvidos em promover o bem e a evolução de todas as criaturas."

Único

Sendo o conhecimento humano tão precário e incompleto, é fundamental lembrar que são raras as ocasiões em que o ser humano é capaz de explicar de uma forma correta e completa qualquer coisa que ele mesmo não tenha criado ou construído. Daí deriva o fato absolutamente óbvio que mais raros ainda são os assuntos sobre os quais os seres humanos possam fazer uma afirmação correta, completa e que componha uma explicação única do fenômeno.

Somente o conhecimento completo sobre algo pode iluminar todas as suas interpretações, todos os caminhos que levam à conclusão correta e completa. E é apenas natural que algo complexo e relevante possa ser explicado de muitos modos. Por isso, quando seres humanos aferram-se a uma explicação como sendo "a única tese válida", estão subindo no topo da montanha da sua própria ignorância e ilusão, tendo uma opinião ridiculamente elevada sobre sua própria capacidade de compreensão e fechando-se completamente à oportunidade de aprender.

E esquecendo-se de que a oportunidade de aprender é, de fato, a razão de estarmos vivos aqui neste plano.

O Novo mundo é cada vez mais transparente

No Novo Mundo, a transparência chega por todos os meios e todos os canais. O único modo de estar em paz é nada ter a esconder. Esta é meramente uma constatação da era digital, do mundo plenamente conectado. E esta mesma era da transparência vem sendo anunciada por especialistas em tendências em negócios e tecnologia, em publicações de ampla divulgação, pelo menos há quinze anos. Mas o modo como olhamos para esta tendência pode ser muito diverso. Muitos entendem essa transparência como o fim da privacidade, e esse certamente é um aspecto problemático da questão. Entretanto, muitos gostarão de saber, que alguns componentes "modernos" envolvidos nessa "era de vidro" foram previstos em detalhes no início do século passado; componentes relevantes tais como a criação da União Européia e da própria Internet.

Em 1913 foi publicado um livro chamado Man: Whence, How and Whither. Neste livro, os autores afirmam que por um período que estendeu-se até 1910, realizaram experimentos em clarividência e puderam observar aspectos do futuro da humanidade, muitos anos à frente. Há neste livro duas descrições particularmente interessantes:

A primeira delas trata de como seria, no futuro, a organização política do mundo. Segue um trecho:

"Praticamente todo o Mundo encontra-se federado politicamente. A Europa parece ser uma Confederação, com uma espécie de Parlamento, ao qual todos os países enviam representantes. Este órgão central ajusta assuntos, e reis dos vários países revezam-se como Presidentes da Confederação."

Num outro trecho, os autores pensam estar tratando de como seriam os jornais do futuro. Mas terminam por descrever (em termos que podiam ser entendidos em 1910) aquilo que, muito obviamente, é a internet:

"O jornal diário, podemos dizer que sobrevive de uma forma muito alterada. Para tornar mais compreensível, deve ser postulado que, em cada casa há uma máquina, que é uma espécie de combinação de um telefone e de máquina de gravação. Isto é, em conexão com um escritório central, é de tal forma que não só se pode falar com ele, como se fosse através de um telefone, mas que qualquer coisa escrita ou desenhada colocada na máquina no escritório central irá reproduzir-se automaticamente em cada uma das casas. O que toma o lugar do jornal da manhã é gerido desta forma. Quando as notícias de importância chegam a qualquer momento, são encaminhadas imediatamente, deste modo, a todas as casas da comunidade..."

A menção a tais fatos revelados há tantos anos pretende apenas mostrar claramente que muitos aspectos "modernos" e teoricamente imprevisíveis que compõem o nosso tempo não são, absolutamente, desvios, imprevistos ou necessariamente rotas indevidas. Ao contrário, cabe destacar que a revolução digital e virtual, com todos os seus problemas, tem conduzido a sociedade para uma "desmaterialização" de muitos itens e muitas atitudes. Hoje, ninguém precisa, por exemplo, sair de casa para obter a maior parte dos produtos e serviços que precise. Ainda mais radicalmente: hoje, ninguém precisa de itens físicos como papel, tinta, envelope, caixa de correio e selos para corresponder-se com outra pessoa; basta um aparelho conectado. Milhões de pessoas não recebem seu pagamento por outro meio, exceto um crédito de um numerário na sua conta corrente, realizado por meios digitais. Grande parte das músicas e filmes comercialmente oferecidos no mundo todo são apenas arquivos digitais, adquiridos por meio digital, utilizando um modo de pagamento digital.

Todo este movimento digital/virtual faz parte de um movimento previsto, uma "etapa de treinamento" para que as pessoas se acostumem com a existência e realidade "não-material". Isso tudo poderia, entretanto, ter uma base diferente e mais confiável de funcionamento do que as linhas e cabos de distribuição de energia elétrica que suprem o planeta. E nisto temos, sim, um desvio em relação ao que poderia ser mais adequado: o sistema de criação e distribuição de energia livre criado por Nikola Tesla teria preparado o planeta para um cenário extremamente mais positivo do que o que temos atualmente. Mas, como muitos sabem (e outros podem saber facilmente consultando pelo nome de Nikola Tesla na Internet) o sonho da energia livre foi impedido por aqueles que não tinham interesse em ver as pessoas recebendo qualquer coisa gratuitamente, especialmente energia, que é um item fundamental para o funcionamento do sistema econômico planetário, e cujo controle representa uma verdadeira chave que pode libertar ou aprisionar pessoas, nações, mercados e continentes inteiros.

E neste exemplo fica clara a escolha que cada um precisa fazer para viver no Novo Mundo: a escolha entre os objetivos egoístas e o bem comum da humanidade. Naquele momento na história, alguns seres decidiram privar a humanidade da energia livre. Esta escolha criou um futuro altamente problemático para o planeta. Entretanto, para os envolvidos na época, pareceu ser apenas uma decisão que fazia sentido com os seus interesses pessoais e seus negócios. Isto ilustra bem o tamanho da responsabilidade das pessoas; e demonstra claramente que é preciso tomar partido e escolher um lado. Ninguém pode privilegiar seus interesses egoístas e ao mesmo tempo fazer o melhor para a humanidade.

Para todos haverá um ponto em que será necessário escolher entre servir à humanidade ou servir apenas a si mesmo. Esta é a escolha fundamental que se apresenta em algum ponto de suas vidas a todo ser humano: a escolha entre servir e servir-se.

Esta escolha jamais passará despercebida nos planos superiores. Esta escolha efetivamente diferencia aqueles que entendem que somos seres espirituais vivendo uma experiência na matéria daqueles que apenas agem em benefício próprio, em detrimento do que necessitam seus semelhantes. Aqueles que realmente "fazem pelo outro aquilo que fariam por si mesmos. E cada dia mais, cresce a necessidade de definir qual o SEU lado nesta questão.

GUPTA-VIDYA

"... conhecimento espiritual e sagrado, o Gupta-Vidya só poderia ser obtido por Iniciação em Mistérios Espirituais"

~ HELENA PETROVNA BLAVATSKY

Este termo Sânscrito significa "Conhecimento Oculto". É o nome pelo qual Helena Blavatsky, e muitos outros adeptos antes dela, chamaram o conteúdo que está na raiz de todas as linhas de pensamento realmente comprometidas com a evolução da humanidade. O sentido das palavras em Sânscrito é justamente esse, mas cabe esclarecer atualmente, ao menos em termos bastante gerais, do que trata este conhecimento. E especialmente esclarecer as razões deste conhecimento ter permanecido, por tanto tempo, oculto.

O conjunto de conhecimentos que compõe o que é chamado Gupta Vidya é absolutamente vasto, englobando a totalidade das leis e fundamentos sobre os quais se assenta a existência no planeta Terra e no nosso sistema Solar. Todas as gigantescas obras de Helena Blavatsky trazem partes e fragmentos do Gupta Vidya; aquilo que foi permitido divulgar no final do século dezenove. Desde então, tem havido outros mensageiros encarregados de explicar e traduzir este conteúdo, e alguns especialmente encarregados de trazer novas revelações. A partir de 2012, especialmente, o véu que separa e oculta o conhecimento superior tornou-se mais permeável, e mais freqüentemente tem sido possível que consciências encarnadas tragam lembranças e conhecimento para compartilhar com a humanidade. Vale lembrar: ninguém segue acessando o conhecimento oculto para seu uso pessoal; em benefício exclusivamente de si mesmo ou para lucro pessoal. Todos e cada um dos seres que tenha feito a escolha de "servir-se" do conhecimento oculto com fins egoístas teve (ou terá) as portas progressivamente fechadas para seu acesso, tão logo tenha demonstrado que preocupa-se mais com o seu próprio ganho pessoal do que com o compartilhamento e o bem de todos os seres.

Assim, todo esse corpo de conhecimento levará os próximos milênios sendo compreendido e aprendido pela humanidade. Entretanto, sendo tão relevante, por que permaneceu oculto por tanto tempo?

Primeiro, cabe dizer: jamais esteve oculto àquele que busca com o coração puro e a intenção perfeita de realizar o bem a todos os seres. Entretanto, o conhecimento é profundamente transformador, e uma vez trazido à forma compreensível pela humanidade, ele muitas vezes poderia ser publicado ou divulgado de maneiras que poderia ser utilizado indiscriminadamente e causar mais prejuízo que benefício à evolução dos seres. Por isso, fez-se necessário que um numero maior de pessoas atingisse um mínimo nível de consciência, antes que pudessem ser mais abertamente revelados fragmentos do Gupta Vidya.

Todo este conhecimento esteve disponível sempre; e há alguns milhares de anos, foi novamente trazido por um grupo conhecido como os Rishis; seres de alto conhecimento, que o comunicaram grandes volumes dele para muitos seres na época antiga da história da Índia. O que ensinam os textos védicos é parte do Gupta Vidya. A parte que foram capazes de compreender, traduzir, preservar e comunicar aqueles que aprenderam com os grandes Rishis. Ocorre que conforme o tempo passa, e o conhecimento é transmitido, muitas vezes acontece a sua fragmentação - um conceito pode não ser compreendido na sua totalidade, e embora continue sendo explicado de modo correto, não mais estará completo.

Vamos exemplificar de modo bem simples, com duas frases:

"Há uma casa branca, um pouco à esquerda do topo da colina."

ou

Há uma casa na colina.

Veja: ambas as frases estão corretas e referem-se à mesma casa. Entretanto, parte do conhecimento foi perdido na maneira como se compôs a segunda frase.

Ainda mais prejudicial do que a fragmentação é o fenômeno que aconteceu inúmeras vezes no correr da nossa história: a cristalização, ou a criação daquilo a que dão o nome de dogma.

Equivaleria ao seguinte exemplo:

A frase original seria:

"Há uma casa branca, um pouco à esquerda do topo da colina."

Mas foi comunicada fragmentada; assim:

"Há uma casa na colina."

e com o tempo, as pessoas atribuíram a ela o seguinte sentido:

"Há APENAS uma CASA verdadeira, APENAS numa determinada colina VERDADEIRA. Assim, TODAS as outras casas que se diga existirem são falsas e aqueles que afirmarem o contrário serão infiéis."

Reconhece o padrão?

Foi assim que a maioria das religiões, nas mãos de homens sedentos de poder e intenções egoístas, distorceram e ocultaram a verdade, para exercer um domínio indevido sobre os outros homens.

Entretanto, na base de todas as religiões e filosofias importantes que lidam com o transcendente, está precisamente o Gupta Vidya, o conhecimento original trazido pelos Rishis à nossa raça, chamada Arya; a raça que sucedeu a raça Atlante neste orbe planetário. E que mais uma vez está sendo trazido e apresentado neste momento de transição, por várias fontes.

Como se pode perceber pelo exemplo simples acima, é muito fácil distorcer o conhecimento, quando esta é a intenção. Some-se a isso o fato de que qualquer ser encarnado na matéria que tenha acesso ao conhecimento sagrado e o utilize para fins egoístas vá, inexoravelmente, perder a capacidade de acesso, e temos um quadro no qual, após um acesso inicial, ocorrendo a progressiva perda do acesso (simplesmente por uma questão de falta de alinhamento vibratório), muitos passaram a meramente "inventar" novos dogmas e "revelações", seja com o propósito egoísta de manter o poder sobre outros seres ou apenas para a satisfação do próprio ego.

Quando dizemos que todas as grandes religiões nascem do Gupta Vidya, isso é assim porque, no caso do hinduísmo, este segue os textos védicos, que são uma expressão desse conhecimento. O judaísmo também nasceu desta mesma origem, entretanto tendo acessado esses conhecimentos na época de sua interação com os adeptos que levaram este conhecimento ao egito. O Buddha, criado dentro da tradição hinduísta, alcançou a iluminação, e assim teve acesso completo e perfeito ao Gupta Vidya. Dele, fez a base de sua doutrina, tomando o cuidado de advertir que jamais se deveria permitir que cristalizasse, ou seja, que aquilo que ele pôde comunicar e que as pessoas foram capazes de entender fosse julgado "conhecimento completo e acabado". Porque o próprio Buddha declarou que a diferença entre aquilo que ele conhecia, e o que comunicou (porque podia efetivamente ser útil aos homens do seu tempo) havia a mesma diferença que há entre umas poucas folhas que se pode trazer numa mão quando comparadas a todas as folhas que compõem um bosque.

Posteriormente, Yeshua, um ser muito especial que mais tarde seria conhecido no mundo todo como Jesus, foi educado (durante os anos "ocultos"de sua vida) nos mistérios do Gupta Vidya, por sábios da Cachemira, na Índia; Grécia e Egito, especialmente designados para prepararem este ser que seria posteriormente o portador do espírito Crístico. Vale lembrar que o termo Cristo vem do grego Chrestos, que significa "Messias", "Enviado" ou "Escolhido". Tendo também alcançado a iluminação, teve acesso a todo o conhecimento e mais uma vez, comunicou os princípios fundamentais à humanidade. Cabe destacar que a MAIOR parte do conhecimento comunicado por ele não chegou aos nossos dias. O conjunto de conhecimentos trazidos por Yeshua foi "interceptado" por assim dizer, por uma série de seres que, constituíram uma forma de religião que passou a servir a um império. As modificações e adulterações foram feitas em muitas e sucessivas oportunidades, mas talvez a maior e mais conhecida delas foi promovida por volta de três séculos depois, sob as ordens do imperador romano Constantino. Por aí se percebe que, após o século quarto, pouco do ensinamento original foi preservado, de modo fragmentado e adaptado de modo a servir aos interesses de domínio e expansão do império romano. O fato de que tanto ensinamento importante e valioso tenha, ainda assim, permanecido no que foi preservado(mais de 70% dos ensinamentos foi sumariamente retirado) simplesmente reafirma o valor e importância da missão cumprida por este iluminado.

Também os conhecimentos contidos no Zohar e na Kabbalah judaica tem sua origem nos sábios que trouxeram o conhecimento original para a raça Arya, embora expressos de um modo diferente daquele utilizado pelos Rishis; porque cada grupo de sábios utilizava seu próprio entendimento e as formas e língua locais para traduzir os conhecimentos originais, cuja forma era principalmente simbólica e intuitiva.

Em algumas regiões do mundo, esse conhecimento Arya foi somado a fragmentos do conhecimento da época Atlante (caso do Egito e em alguma medida, da Grécia); em outros ainda, foi mesclado a fragmentos da cultura druida da raça Celta. Cabe ressaltar que estamos aqui tratando do conhecimento trazido pelos Rishis à Raça Arya, o que não quer dizer que as civilizações anteriores, como a Atlante, não tenham tido sua própria versão dos conhecimentos ocultos. Ocorre que estes conhecimentos foram apresentados da forma adequada à vida no planeta naqueles dias, assim como o conhecimento trazido pelos Rishis foi adequado às necessidades do ciclo que antecedeu a transição planetária de 2012.

No novo ciclo que vivemos agora, estes conhecimentos estão

sendo novamente disponibilizados, com novos termos, novas palavras e sob uma nova FORMA. Trata-se, entretanto, dos MESMOS princípios. Se parte do conhecimento parece novo, é apenas porque parte dele tenha sido completamente esquecidas pela humanidade como um todo. Durante todos esses anos, os Arhats da Grande Fraternidade Branca mantém os conhecimentos vivos e seguros. O "cofre" escolhido para preservar este conhecimento durante muitos anos foi a terra além do Himalaia, uma região de acesso dificílimo compreendida entre as áreas fronteiriças entre o norte da Índia, o Nepal e o Tibete. Durante muitos anos, o conhecimento foi preservado inclusive na forma física, na superfície do planeta, em mosteiros, templos e ashrams. Mais recentemente, como parte de um novo movimento de disseminação do conhecimento, os responsáveis começaram a trazê-lo para o novo centro do conhecimento no planeta no novo ciclo, a América, especialmente algumas localidades na América do Sul. A maior parte desse conhecimento está atualmente disponível apenas sob a forma etérica, e pode ser acessada através do Akasha, ou Registro Akhasico. Com mais e mais seres humanos capacitados a acessar intuitivamente e de forma mais direta, o uso de formas físicas para guardar o conhecimento original (como livros e papiros) já não representa a alternativa mais adequada. Vale lembrar que vivemos uma época marcada pelo "treinamento" representado pela "virtualização" do conhecimento no mundo.

Com este breve comentário, esperamos ter deixado bastante claro que o acesso ao conteúdo encontra-se bastante facilitado atualmente. Esperamos ter deixado igualmente claro que o propósito pelo qual se deva acessar estes conteúdos é o bem e a evolução de todos os seres. Jamais para propósitos egoístas ou para satisfazer curiosidades pessoais.

Há dois caminhos para aquele que escolhe buscar o conhecimento:

O caminho de servir, a senda que leva a colaborar com a evolução dos seres. E o caminho de servir-se, que leva ao engano e ao erro. Ao decidir pôr os seus pés no caminho:

PAULO FERREIRA

Escolha um lado, porque a espada desce.

TRANSCENDÊNCIAS

"a partir da teoria especial da relatividade entende-se que massa e energia são apenas manifestações diferentes da mesma coisa - uma concepção pouco familiar para a mente comum."

~ ALBERT EINSTEIN

Considere por um instante: não existe algo como uma "realidade objetiva". Toda "realidade" é subjetiva. Tudo que qualquer um sabe foi subjetivamente percebido, por um indivíduo, ou por vários. Tudo que existe neste plano são "realidades subjetivas", interpretações; um consenso parcial sobre informações processadas e percebidas a partir de um ou alguns pontos de vista.

Onde não há o domínio da matéria macroscópica típica da terceira dimensão, não existem as limitações das leis da física. Não há a limitação nem necessidade da escolha. Não existe OU. Tudo é, ou pode ser, ao mesmo tempo, no mesmo espaço. É o campo das possibilidades infinitas.

Mas vamos tratar isso de modo bem simples e objetivo:

Onde há matéria física, a escolha é indispensável: você está numa sala escura, com a luz apagada, por exemplo. Pode acender a luz, e a sala ficará clara. Imediatamente, todos na mesma sala, anteriormente escura, passarão a estar numa sala clara. A sala está clara ou escura, para todos ao mesmo tempo, no mundo físico.

Num mundo não-físico, não há necessidade de escolher: numa sala de bate papo virtual, por exemplo, qual é a realidade objetiva? Que aspecto tem a sala? A luz está acesa?

Isso depende apenas da sua vontade e da sua interpretação. Numa mesma sala virtual, dez pessoas podem conceber dez versões diferentes da mesma sala. Podem representar essa visão em suas telas. Todas essas visões do mesmo espaço são individualmente válidas e verdadeiras ao mesmo tempo. Ainda assim, todas as dez pessoas estão na mesma sala virtual, trocando idéias ao mesmo tempo. Qual é a sala real? A sala real é composta apenas de energia elétrica mantendo impulsos digitais. A sala real é apenas um constructo digital. Mas ela não é menos real por ser virtual. As pessoas naquela sala podem fazer negócios, reuniões, ter conversas relevantes que podem até mudar suas vidas.

O que elas fazem e vivem ali é real, embora estejam dentro de um ambiente diferente do mundo físico material.

Agora imagine que duas daquelas dez pessoas na sala querem se conectar de modo diferente. Querem compartilhar algo apenas entre elas. Então elas escolhem ver a sala do mesmo modo. Com a mesma luz. Escolhem falar, ao invés de teclar. E elas podem permanecer na mesma sala – mas estarão invisíveis aos demais oito ocupantes da sala – apenas porque escolheram isso.

Isso significa o fim do OU. Isso é o início do E.

Isto E aquilo. Claro E escuro. Cheio E vazio.

Isso é uma realidade que nós construímos. Nós, os seres que segundo nossas próprias estimativas, usamos de dez a vinte por cento de nossa capacidade mental, no máximo.

Agora permita-me passar do virtual ao transcendente:

Porque a vida transcendente, aquela que acontece fora da matéria física, deveria ser de um modo OU de outro?

Sim: este é o ponto. Não precisa, e não é.

A vida fora da matéria É de muitos modos, ao mesmo tempo. Todos verdadeiros e válidos.

E qual é a vida fora da matéria que é REAL? Assim como a sala virtual REAL é apenas energia elétrica mantendo impulsos digitais; a vida fora da matéria é igualmente energia mantendo processos de consciência.

A nossa "sala", alem da matéria densa – tem as mesmas características que usei para descrever a nossa sala virtual. Ela pode ser, ao mesmo tempo, clara E escura. Tem inúmeros ocupantes, mas nem todos se vem. E nem por isso é menos real.

Ela é, isto sim, imaterial, não-física. E por isso está alem do OU, alem da escolha e dos limites. Mas é absolutamente real, tanto quanto nossa sala virtual.

Agora, vamos nos provocar mais um pouco: algumas pessoas nunca estiveram numa sala virtual. Não sabem o que é. Não conseguem imaginá-la. Não podem conceber um lugar ao mesmo tempo claro para uns e escuro para outros.

Em suma, elas não acreditam na existência da sala virtual.

E agora? Se você já esteve numa sala virtual, você sabe que ela existe. Você inclusive conheceu pessoas ali, que posteriormente pode ter encontrado pessoalmente. Mas de nada adianta apresentar a evidência. Nenhuma evidência prova definitivamente a existência da sala virtual. Aliás, se amanhã o provedor mudar ou fechar aquela sala, como você provaria que esteve na sala que você descreveu?

Outras pessoas estiveram lá. Mas para elas, a sala era outra, diferente. E de fato, tudo isso é realidade. Porque tudo isso é realidade subjetiva, a única forma de realidade disponível nos limites da matéria; aquela percebida pelos seus sentidos.

Você pode falar com a pessoa que conheceu na sala virtual, e ela testemunharia que vocês estiveram lá. Mas qualquer um poderia continuar não acreditando em vocês dois. Mas, afinal, por que você se ocuparia com isso? Você sabe que a sala existe. Você esteve lá. Mesmo que não exista uma prova material incontestável disso. Esse jogo poderia continuar pela eternidade, mas você não se interessaria por ele.

Porque, acima de qualquer discussão, você ESTEVE lá.

Esferas e freqüências

Há muito tempo sabemos que na verdade não existe apenas um mundo. Há muitos mundos no nosso mundo, mesmo no material. O mundo de alguém de alto poder aquisitivo que vive em Manhattan não tem a menor semelhança com o mundo habitado por um índio isolado na Amazônia. Parecem dois planetas distintos. Mas são ambos partes do mesmo mundo material.

Este texto foi escrito no Brasil, num computador criado na Califórnia e construído com peças vindas do oriente. Você talvez o esteja lendo em outro lugar muito distante. Pode ter pago por ele com seu cartão de crédito, através de um site de compras na internet. Talvez a sua copia seja digital e jamais torne-se papel. E o dinheiro que foi pago pela sua compra deste livro foi depositado numa conta, também de modo virtual, e pode ser usado para adquirir, finalmente, um bem material, que inclusive pode ter sido pago por outra transação virtual feita com um cartão de crédito.

Tudo muito corriqueiro, hoje em dia. Mas completamente imaterial. Todas as transações aconteceram, no caso do livro digital, sem que houvesse um único produto material a ser vendido ou comprado. E no caso dos pagamentos com cartões e transferências, nenhum dinheiro material. Apenas dígitos sendo transferidos de um lado para outro, até que finalmente eles se materializaram num produto físico ou num benefício material.

Agora me diga: como se explica isso para um indivíduo isolado da sociedade digital? Ele sequer sabe muito bem porque alguém pensa que papel pintado podem valer mais que comida de verdade em sua panela.

Este é um exemplo das muitas esferas que existem no nosso mundo material. Para um indivíduo isolado do mundo digital, tudo que eu e você fizemos nessa transação não tem o menor sentido, ele não pode entender. Está alem daquilo que ele possa considerar verdade. Por isso, ele não acredita.

Esse jogo, também, poderia continuar pela eternidade, mas não temos interesse por ele. Porque, acima de qualquer discussão, nós sabemos o que fizemos.

Negação

Enfim, nós criamos este mundo virtual composto de fios, cabos, impulsos elétricos e endereços de internet. Nós criamos um mundo real e verdadeiro que existe de fato, além da matéria.

Nós criamos uma realidade imaterial, na qual muitas vezes não precisamos optar entre uma coisa OU outra. No qual é possível que uma sala seja CLARA E Escura, ao mesmo tempo.

Nós fomos capazes de fazer isso. Negar a possibilidade de um mundo real, porém imaterial, no qual as coisas podem ser ISTO E AQUILO ao mesmo tempo, é negar aquilo que nós mesmos criamos, e sabemos que pode ser feito.

Já não podemos negar essa possibilidade, se quisermos ter um mínimo de coerência e de pensamento inteligente. Muita gente pode continuar não acreditando na existência e negando a possibilidade. Esse é um jogo que também pode continuar para sempre. Mas porque teríamos interesse nele? Acima de qualquer discussão, nós sabemos, não somente, que é possível. Nós sabemos que é real. Nós fizemos.

A cada um, de acordo com aquilo que cria

Assim como cada um cria sua própria realidade na vida, também cada um cria a sua realidade após a vida. Há uma explicação linda dessa aspecto no capítulo nono do Baghavad Gita, segundo a iluminada interpretação de Paramahansa Yogananda, numa explicação dada por Krishna a Arjuna:

"Os devotos das deidades astrais vão para elas; os que cultuam os ancestrais vão para os manes; para os espíritos da natureza vão aqueles que os buscam; mas os meus devotos vêm a mim. A oferta reverente de uma folha, uma flor, uma fruta ou água, feita a mim com intenção pura, é uma oferenda piedosa aceitável a meus olhos."

Independente do nome que se utilize, a Fonte é infinita em suas expressões e pode mostrar-se sob qualquer forma, cor ou meio. Não é para os seres elevados que faz alguma diferença a forma que eles se apresentem, mas exclusivamente, para o pequeno ser limitado, preso às suas ilusões pré-concebidas e limitadas. Como pais infinitamente bondosos, apresentam-se a cada filho do modo que mais fale ao seu coração. Isto não significa que se altere a natureza dos seres elevados. Significa apenas a condescendência deles para com as limitações dos filhos.

Cada um ao seu tempo, saberá eliminar as camadas de ilusão, aprenderá a ver e entender a Fonte como sendo muito mais, e muito além de uma presença que possa ser nomeada ou contida numa forma específica, personalizada ou que carregue semelhanças com as nossas próprias limitações humanas.

Enquanto escolhemos viver dentro do véu de ilusão, nos apegamos a formas, nomes, vestimentas. Todas elas camadas a serem retiradas e penduradas no cabide. Todas elas apenas vestimentas colocadas por cima da essência original.

O que é um corpo material, o que é uma pedra, o que é um animal? Expressões do poder da fonte. Emanações diretas, ocultas por sob um manto ilusório e temporário que vai se esvanecer um dia.

O objetivo do esquecimento que desce sobre os seres é fazer com que despertem por seus próprios meios, por seu próprio entendimento. O objetivo é permitir que o mérito pertença a cada um deles. Daí a resposta para tantos que se perguntam porque a transcendência não se apresenta de modo claro, aberto. Ao apresentar-se, seria retirada do homem a oportunidade do mérito, da busca e da escolha. Para o ser humano, a escolha constitui o cerne da experiência. Examine a questão por um instante e você perceberá claramente que não existiria escolha sem a ilusão de separação.

Escolhemos nos afastar, imersos na ilusão de que este seria o único modo de sermos efetivamente donos de nossos destinos. E assim nos foi dado, assim como a tantos outros antes de nós, que mantiveram esta escolha por muito tempo.

Hoje, a cada dia, mais e mais pessoas estão mudando sua escolha. Estão optando pela reconexão com a fonte. Uma opção consciente, uma escolha livre, depois de tanto tempo. Essa volta, hoje, significa muito mais, porque é muito mais difícil livrar-se do véu depois de viver tanto tempo sob seus efeitos. Mas a cada um que desperta e ergue a ponta do véu, muita luz entra por essas brechas, porque o mérito de cada um desses seres impacta e influencia muitos. E assim, muitos estão fazendo hoje.

Logo, seremos um numero suficiente para que a escolha se manifeste de modo cada vez mais aberto. Aqueles que continuam em negação, presos aos seus egos, suas escolhas individualistas e ao seu direito ao esquecimento, levarão mais tempo. Mas o número, a massa critica de indivíduos despertos, logo não deixará um único lugar no planeta onde seja possível ignorar os despertos. E isso tornará cada vez mais difícil para os dormentes manter suas ilusões. Haverá problemas para os dormentes que desejam, a todo custo, manter-se na ilusão de separação. E por isso o jogo dos números, da massa critica, é tão importante.

Por isso é tão importante, não apenas despertar – mas declarar-se desperto – declarar o fato e a crença, a reconexão. Já são milhões de seres neste processo. São esses seres, essa vanguarda, que tornará inviável a manutenção do véu para os dormentes.

A cada um, cabe realizar sua parte, ser cada dia mais transparente e declarar mais claramente a que a separação é ilusória e o despertar é real.

A CONSCIÊNCIA
DO ÁTOMO

*"Conhece a ti mesmo, porque em ti mesmo pode ser encontrado
tudo que pode ser conhecido."*

~ ALICE BAILEY

A consciência do átomo é o título de uma série da palestras
realizadas por Alice A. Bailey em 1922 em Nova Iorque. Posteriormente a série de 7 palestras foi lançada como livro de mesmo
título, o qual recomendamos a leitura. Dada a importância
do conteúdo, e a necessidade de atualizar certos aspectos hoje
devidamente comprovados pela "ciência oficial", mantivemos
como título deste capítulo o nome dado à série de conferencias,
como forma de deixar clara a ligação entre os assuntos e como
forma de agradecimento e homenagem a este trabalho imensamente relevante.

No coração de um pequeno átomo, uma miríade de pequenos
fatores compõem uma "escolha" de repulsão ou atração. Cada
mínimo impulso parece ínfimo para nossa escala, uma mera
sinapse, acontecendo numa fração de tempo. O que impede que
sejamos, nós próprios, vistos de uma perspectiva muito maior,

pequena sinapses? Que nossa existência inteira, cada vida, represente apenas a duração de uma mera sinapse cósmica, um pulso de energia dentro de um imenso átomo cósmico, todo o nosso universo seria algo como uma consciência de escolhas, infinitamente pequenas, criando POR e PARA a soma disso tudo, e finalmente, sendo todos um, no coletivo da escolha de grande massa critica que se REALIZA no plano material, a partícula que se manifesta a partir das ondas de possibilidades? Essa é uma antiga lição ensinada pelos lamas tibetanos a seus aprendizes ainda muito jovens, reflete o axioma hermético do Caiballion, "assim acima como abaixo"; o micro é como o macro, o macro é como o micro.

O biólogo e PhD em citobiologia (o estudo das células) chamado Bruce Lipton publicou um livro chamado Biology of Belief (A Biologia da Crença) onde descreve suas descobertas científicas e afirma que a célula, enquanto unidade biológica básica que forma os seres humanos é influenciada de forma determinante pelo modo que nossas consciências percebem e decodificam o mundo, reafirmando a influência de algo muito semelhante ao afirmado há quase meio século por Alice Bailey nas suas conferencias posteriormente publicadas sob o título "A Consciência do Átomo"".

O livro apóia-se em teses desenvolvidas pelo autor, que tem sua validade atestada por outros estudos independentes publicados pela Revista Nature, que alcançaram as mesmas conclusões. De um modo claro e inequívoco, embora em linguagem científica, as teses desenvolvidas ali respaldam totalmente aquilo que é bastante conhecido pelo público leigo como "lei da atração". Resumindo a conclusão fundamental: suas células são influenciadas e tem o seu funcionamento, replicação e estrutura influenciados pelo modo como você percebe o mundo - ou seja, você não apenas "atrai" aquilo que emana, mas na verdade, CRIA a sua própria realidade, numa medida muito maior que a velha visão determinista de biologia costumava crer possível.

Células, átomos e a criação da sua realidade

É importante lembrar um aspecto muito negligenciado:

São as suas crenças influenciam a sua realidade e sua vida. Mas isso acontece pelo pólo positivo, no sentido de afirmativo, ou seja, quando você diz, ou ao menos pensa "ISTO É O QUE EU QUERO". É a afirmação positiva que libera e programa seu sistema para criar. Se você declara que quer ser saudável, a mente pode interpretar isso e traduzir em ações sistêmicas do seu organismo que produzam este resultado.

Mas não é possível criar nada através de uma ordem negativa, no sentido de declarar o que você "não quer". Se você emana ou declara "não quero ficar doente"; o que o seu corpo poderia realizar? O que o seu organismo poderia fazer a respeito? Essa ordem não determina uma ação possível. Não existe um mecanismo interno para "não fazer algo", até porque o seu sistema orgânico não reconhece a validade do conceito de "tempo" e portanto, se você não está doente neste momento, ele nada pode fazer a respeito. Mas existem muitas coisas que o seu organismo pode realizar para manter-se saudável.

Assim, neste exemplo, como em tudo mais na sua vida, tudo depende de pensar no que QUER que aconteça.

Toda ênfase deve ser dada ao "O QUE" - mas nenhuma ao "COMO". Somos seres com capacidade muito limitada enquanto restritos ao plano material denso. Não existe nenhuma dúvida que a capacidade coletiva de criação é extremamente maior que a capacidade individual. Que a capacidade do conjunto planetário em "realizar" é muito maior que a de um indivíduo isoladamente.

Por isso, quando você se perde em divagações sobre "COMO" algo pode vir a ser realizado na sua vida, na verdade está LIMITANDO o poder criativo cósmico, planetário e coletivo - e enviando a seguinte mensagem, por exemplo:

O QUE

"Eu quero ser saudável"

COMO

"através da minha alimentação atual e com base numa rotina diária de 2 horas de exercícios."

Mesmo que você seja plenamente bem sucedido em realizar isto na sua vida, o que acha que acontecerá caso diminua sua rotina de exercícios por algum tempo, para ajustar temporariamente à sua agenda?

Sim, você provavelmente ficará doente. Não necessariamente de modo grave. Mas perceba: o seus organismo foi programado para manter-se saudável COM X horas diárias de exercícios. Foi você quem determinou essa condição e se impôs esse limite. E por isso, criou o limite fora do qual o seu corpo pode entender algo como:

"se a minha ordem é manter este organismo saudável com base nas condições declaradas, e agora tenho outras condições, foi alterada a condição inicial da ordem. Assim, cancela-se a ordem até que haja um novo ajuste e uma nova instrução."

Programação. Você definiu os parâmetros. E os limites. Não defina limites ou parâmetros de COMO. Não é necessário. Isso é apenas limitar o poder de atuação do Todo à sua capacidade de entendimento e programação. E o seu entendimento é muito menor do que o todo das possibilidades. Apenas defina O QUE você deseja que seja realizado; com consistência. E aja de acordo; de modo a fazer a sua parte. E isso é tudo.

Outro ponto de vista

Para o momento cósmico presente, podemos não ser mais que partes silenciosas do grande, infinito "DNA cósmico", partes apartadas, dormentes. Na medida em que possamos acordar em massa critica, tornamo-nos partes ATIVAS para integrar e estar em união com o propósito cósmico. Esta é a ruptura da bolha na qual nos mantemos enquanto seres e realidades dormentes e ilusoriamente apartadas. Ilusório porque somos partes de um todo maior, quer saibamos ou não. Mas não estamos ATIVOS enquanto não acordamos para nossa potencialidade. Até que despertemos para o sentido da colaboração coletiva, permanecemos como áreas silenciosas do cosmo, vivendo em preservação, em um tipo de "bolha" apartada do restante do universo, que é o nosso pedaço, SUBJETIVAMENTE criado pela nossa dormência.

Do ponto de vista de uma bactéria, sua divisão celular representa toda uma existência. Do ponto de vista cósmico, toda uma vida nossa, pode representar algo comparável a apenas uma sinapse, ou uma divisão celular.

Para expandir nossa compreensão, necessitamos mudar a perspectiva. Sair da perspectiva exclusivamente centrada na experiência humana na matéria. Abrir mão da iniciativa limitadora de antropomorfizar as forças universais, por exemplo. Imaginar que a FONTE quer isso ou aquilo é humanizá-la. Humanizar a fonte é REDUZI-LA. Entenda o paralelo: um rio não deseja algo. Ele apenas flui. Atribuir desejos humanos e antropomorfizar um rio é atribuir a ele estados e características que não o compõem, e isso não colabora para entender o que o rio efetivamente É.

DO mesmo modo, não há semelhança entre as motivações humanas e as "motivações" da Fonte, por mais que a Fonte tenha "criado" o ser humano.

Isso é simples de entender quando se observa que nós criamos computadores que processam informações baseadas em dados, de um modo muito semelhante ao que acontece em nossos próprios cérebros. São processos parecidos em essência, embora com capacidades e características muito diferentes. Mas perceba que não existe na "criatura" (o computador) nada que se assemelhe às motivações do "criador" (o homem).

Do mesmo modo, o que podemos chamar de "consciência" da Fonte dotou as nossas consciências com processos semelhantes. Mas com motivações, alcance e perspectiva completamente diferentes.

Você poderia "ajudar" a Fonte? Mesmo que isso seja feito;

talvez não represente uma mudança necessariamente muito grande PARA A FONTE.

Mas se você está dentro desta Fonte e é parte dela, do mesmo modo que estaria dentro de um rio, pode imaginar a gigantesca diferença que faz para VOCÊ MESMO nadar contra a corrente ou fluir com o rio.

UMA NOVA CIÊNCIA PARA UM NOVO MUNDO

" Em questões de ciência, a autoridade de mil não vale a modesta razão de um único indivíduo. "

~ GALILEU GALILEI

No primeiro livro desta série (O Mensageiro – Vol. 1 – O Despertar para o Novo Mundo), abordamos várias novas visões da ciência que emergem nos primeiros anos do século XXI. Vamos expandir este aspecto, não porque seja necessária a comprovação da ciência para que algo seja válido; mas porque muitas pessoas preferem apoiar-se na opinião dos cientistas para considerar que uma idéia é digna de ser observada. Além disso, passar em revista algumas dessas posições de cientistas relevantes pode ajudar no entendimento dos assuntos dos próximos capítulos.

Antes de qualquer coisa, vale lembrar alguns aspectos muitas vezes esquecidos quando pensamos no que significa "cientificamente válido". Primeiro, vamos lembrar que a ciência é feita pelos seres humanos, para os seres humanos, muitas vezes dentro de preceitos, preconceitos e idéias pré-concebidas.

Segundo, vale lembrar que não existe algo como a "posição oficial da ciência" sobre determinado assunto. O que existe é uma posição aceita por uma grande quantidade de cientistas. A ciência é feita empiricamente, as idéias são propostas, testadas, analisadas e eventualmente comprovadas empiricamente. Então, os cientistas elaboram trabalhos e os publicam em revistas científicas. Algumas delas são tremendamente influentes e importantes para a comunidade cientifica internacional, como a Nature ou a Science. Outras são revistas de circulação restrita basicamente ao meio acadêmico, que obtém pouca ou nenhuma repercussão junto ao público leigo. Assim, muitos trabalhos altamente relevantes podem ser publicados em revistas de pequena circulação; e embora sejam trabalhos importantes, anos se passam até que as conclusões apresentadas por estes estudos atinja o mínimo de massa critica em termos do público em geral.

Outro aspecto imensamente relevante, que foi muito competentemente destacado pelo Dr. Sérgio Felipe de Oliveira, médico e pesquisador da USP, é que a posição do materialismo científico, embora adotada por muitos cientistas, não é, e jamais foi, uma posição "oficial da ciência". De fato, tal coisa não existe, o que existe é a posição ou proposta de determinados cientistas, sejam posições de maiorias ou minorias. Como sabemos, os cientistas estão muito longe de concordar plenamente uns com os outros, em muitos assuntos; e a validade do materialismo científico é apenas mais um deles. Vamos lembrar também que diversas das mais importantes teorias do mundo moderno, inclusive a teoria da relatividade de Einstein, foram propostas por um indivíduo, sem que houvesse qualquer consenso imediato sobre elas. Portanto, idéias fundamentais podem ser - e são - apresentadas inicialmente por indivíduos que estão absolutamente sozinhos; simplesmente porque foram os primeiros a entender e propor determinado conceito.

O fato é que estamos vivendo um momento de profunda revisão de muitos conceitos, e cada dia surgem mais cientistas e pesquisadores sérios e competentes dispostos a rever velhos paradigmas vencidos; que por muito tempo foram mantidos em seus lugares muito mais pela falta de novas propostas do que pela sua consistência ou validade.

Alguns dos nomes mais importantes dessa nova ciência: o inglês Rupert Sheldrake, os indianos Amit Goswami e Krsna Madappa, os norte-americanos Michio Kaku, Bruce Lipton, Rick Strassman; o Russo Kirill Korotkov; o japonês Massaru Emoto, o sérvio radicado no Brasil Boris Petrovic (com quem tive o prazer de colaborar como membro do conselho do Nikola Tesla Institute, por ele fundado e presidido) e os brasileiros Ricardo Monezi e Sérgio Felipe de Oliveira.

Ressaltamos que estes são apenas alguns nomes de destaque, alguns exemplos de uma tendência clara que impulsiona esse fortalecimento de uma nova atitude científica em todas as partes do mundo. Além destes pesquisadores, há milhares de outros, cujos trabalhos ainda não obtiveram destaque suficiente para chegar ao público em geral. Mas uma rápida pesquisa utilizando os nomes desses pensadores pode trazer muita informação relevante para o seu desenvolvimento.

Vamos citar rapidamente a essência da proposta de Rupert Sheldrake porque compreendê-la é relevante para os próximos capítulos.

Os campos mórficos de Rupert Sheldrake

O campo morfogenético (ou campo mórfico) é o nome dado a um campo hipotético que explica a emergência simultânea da mesma função adaptativa em populações biológicas não-contíguas.

A hipótese dos campos mórficos foi formulada por Rupert Sheldrake. Segundo o holismo, os campos mórficos são a memória coletiva a qual recorre cada membro da espécie e para a qual cada um deles contribui. Vamos conhecer a base das idéias de Sheldrake pelas suas próprias palavras:

"Morfo vem da palavra grega morphe que significa forma. O campos mórficos são campos de forma; padrões ou estruturas de ordem. Estes campos organizam não só os campos de organismos vivos mas também de cristais e moléculas. Cada tipo de molécula, cada proteína por exemplo, tem o seu próprio campo mórfico. De um mesmo modo cada tipo de cristal, cada tipo de organismo, cada tipo de instinto ou padrão de comportamento tem seu campo mórfico. Estes campos são os que ordenam a natureza. Há muitos tipos de campos porque há muitos tipos de coisas e padrões dentro da natureza..."

"Os campos mórficos ou campos mórficos são campos que levam informações, não energia , e são utilizáveis através do espaço e do tempo sem perda alguma de intensidade depois de terem sido criados. Eles são campos não físicos que exercem influência sobre sistemas que apresentam algum tipo de organização inerente. "

"Os campos mórficos agem sobre a matéria impondo padrões restritivos em processos de energia cujos resultados são incertos ou probabilísticos. Os Campos Mórficos funcionam modificando eventos probabilísticos . Quase toda a natureza é inerentemente caótica. Não é rigidamente determinada. Os Campos Mórficos funcionam modificando a probabilidade de eventos puramente aleatórios. Em vez de um grande aleatoriedade, de algum modo eles enfocam isto, de forma que certas coisas acontecem em vez de outras. É deste modo como eu acredito que eles funcionam."

"Campos mórficos são laços afetivos entre pessoas, grupos de animais - como bandos de pássaros, cães, gatos, peixes - e entre pessoas e animais. Não é uma coisa fisiológica, mas afetiva. São afinidades que surgem entre os animais e as pessoas com quem eles convivem. Essas afinidades é que são responsáveis pela comunicação."

"Um campo mórfico não é uma estrutura inalterável, mas algo que muda ao mesmo tempo em que muda o sistema com o qual esta associado. O campo mórficos de uma samambaia tem a mesma estrutura que o os campos mórficos de samambaias anteriores do mesmo tipo. Os campos mórficos de todos os sistemas passados se fazem presentes para sistemas semelhantes e os influenciam de forma cumulativa através do espaço e o tempo."

A palavra chave aqui é "hábito", sendo o fator que origina os campos mórficos. Através dos hábitos os campos mórficos vão variando sua estrutura, dando causa, deste modo, às mudanças estruturais dos sistemas aos quais estão associados."

Segundo Sheldrake, os campos mórficos são estruturas que se estendem no espaço-tempo e influem na forma e no comportamento de todos os sistemas do mundo material.

Átomos, moléculas, cristais, organelas, células, tecidos, órgãos, organismos, sociedades, ecossistemas, sistemas planetários, sistemas solares, galáxias: cada uma dessas entidades estaria associada a um campo mórfico específico. São eles que fazem com que um sistema seja um sistema, isto é, uma totalidade articulada e não um mero ajuntamento de partes.

Sua atuação é semelhante à dos campos magnéticos da física. Quando colocamos uma folha de papel sobre um ímã e espalhamos pó de ferro em cima dela, os grânulos metálicos distribuem-se ao longo de linhas geometricamente precisas. Isso acontece porque o campo magnético do ímã afeta toda a região à sua volta. Não podemos percebê-lo diretamente, mas somos capazes de detectar sua presença por meio do efeito que ele produz, direcionando as partículas de ferro. De modo parecido, os campos mórficos distribuem-se imperceptivelmente pelo espaço-tempo, conectando todos os sistemas individuais que a eles estão associados. A analogia termina aqui. Porém, ao contrário dos campos físicos, os campos mórficos de Sheldrake não envolvem transmissão de energia como a conhecemos. Por isso, sua intensidade não decai com o quadrado da distância, como ocorre, por exemplo, com os campos gravitacional e eletromagnético. O que se transmite através deles é pura informação.

É isso que nos mostra o exemplo conhecido como a tese do

"Centésimo Macaco". Nesta tese, o conhecimento adquirido por um conjunto de indivíduos agrega-se ao patrimônio coletivo, provocando um acréscimo de consciência que passa a ser compartilhado por toda a espécie.

O processo responsável por essa coletivização da informação foi batizado por Sheldrake com o nome de "ressonância mórfica". Por meio dela, as informações se propagam no interior do campo mórfico, alimentando uma espécie de memória coletiva. Em nosso exemplo, a ressonância mórfica entre macacos da mesma espécie teria feito com que uma nova técnica de lavar batatas ou quebrar cocos chegasse da ilha A à ilha B, sem que para isso fosse utilizado qualquer meio usual ou conhecido de transmissão de informações.

Parece telepatia. Mas a telepatia corresponde a uma atividade mental focalizada e intencional que relaciona dois ou mais indivíduos. A ressonância mórfica, ao contrário, é um processo básico, difuso e não-intencional que articula coletividades de qualquer tipo. Sheldrake apresenta um exemplo desconcertante dessa propriedade:

"Quando uma nova substância química é sintetizada em laboratório, não existe nenhum precedente que determine a maneira exata de como ela deverá cristalizar-se. Dependendo das características da molécula, várias formas de cristalização são possíveis. Por acaso ou pela intervenção de fatores puramente circunstanciais, uma dessas possibilidades se efetiva e a substância segue um padrão determinado de cristalização. Uma vez que isso ocorra, porém, um novo campo mórfico passa a existir. A partir de então, a ressonância mórfica gerada pelos primeiros cristais faz com que a ocorrência do mesmo padrão de cristalização se torne mais provável em qualquer laboratório do mundo. E quanto mais vezes ele se efetivar, maior será a probabilidade de que aconteça novamente em experimentos futuros."

◆ ◆ ◆

SOMOS CONSCIÊNCIAS

*A uma consciência, a única coisa que cabe é produzir intenções,
que dão origem a escolhas e se manifestam em ações.*

Os campos mórficos de Rupert Sheldrake são o modo que ele encontrou para representar e explicar a existência do Grid Planetário da Terra, ou, mais precisamente colocado, de Gaia. O Grid é composto da soma de todos os campos mórficos de todos os seres que compartilham o planeta. Cada espécie ou tipo de ser que habita Gaia tem sua existência sustentada e ligada ao grid pelo campo mórfico da espécie. Pelo processo de ressonância, informações são transmitidas, conservadas e compartilhadas entre os diversos tipos de consciência que habitam o planeta.

A ideia do Grid Planetário conecta-se a várias teses e representações, entre elas os campos mórficos, a ideia do inconsciente coletivo proposto por Jung e à energia denominada Orgone por Wilhelm Reich. O Grid, entretanto, é mais complexo e composto de muitos aspectos que não estão expressos nessas visões. Sua existência, importância e papel vão muito além dos limites dessas teorias, embora todas elas sejam descrições (corretas, mas incompletas) de algumas propriedades e características relacionadas ao Grid Planetário.

O Grid passa por mudanças grandes ao longo do tempo, e a eliminação de espécies, os grandes cataclismos e grandes dilúvios, "dividem e separam no tempo o conhecimento compartilhado entre as raças que habitaram e habitam este planeta".

O último grande dilúvio criou alterações que se manifestam e podem ser percebidas pelas profundas diferenças entre o modo de vida, as capacidades e os conhecimentos disponíveis para a raça Atlante e para a raça Arya. O fim da civilização Atlante criou uma espécie de "reset" do grid planetário, de modo que a humanidade Arya precisou, em muitos aspectos, recomeçar a constituir e preencher o grid com conhecimentos e capacidades próprias de seu momento no planeta. Isto não é acidental ou fortuito, e teve como objetivo precisamente eliminar algumas características e capacidades que causaram o fim da civilização anterior.

O Grid atua sobre as consciências dos seres neste plano, e as características dos chamados campos mórficos indicam que enquanto houver um só exemplar de uma espécie, o campo referente àquela espécie está mantido. Se a espécie se extingue, aquele campo, referente àquela espécie, deixa de fazer parte do Grid Planetário. Quando isso acontece, as consciências pertencentes àquela espécie deixam de ter sua ligação com este planeta e passam a viver experiências em outros planos ou outros mundos. Neste sentido, a existência física de uma espécie depende e ao mesmo tempo co-cria o campo mórfico da espécie.

Como há consciências de várias origens diferentes vivendo experiências como Homo Sapiens ao mesmo tempo neste planeta, há vários campos humanos em atividade; um para cada espécie de consciência que vive aqui. A existência de cada campo influencia os demais campos no equilíbrio do Grid; mas cada campo relaciona-se mais diretamente e fortemente às consciências que o compõem. A força de cada um desses campos, bem como a influência de cada um deles no equilíbrio geral do

Grid depende do número e da força coletiva do conjunto de seres que o acessam e o co-criam; assim como da capacidade desses seres em emanar e "fluir" colaborativamente numa "mesma direção".

Quanto maior o nível de harmonia ressonante uma espécie possua, mais forte impulsiona o seu campo e influencia o Grid. Naturalmente, quanto mais complexas e evoluídas as consciências, mais "peso de influência" tem o campo no conjunto do grid. Por isso, espécies que funcionam com base em consciências coletivas (por exemplo, uma mesma consciência "anima" milhares de individualizações de insetos) tem um peso reduzido em relação a espécies individualizadas, nas quais (com regra geral apenas) cada individualização representa "uma consciência".

A já citada tese sobre o "Centésimo Macaco" nada mais é do que verificar o campo mórfico em funcionamento naquela espécie de macacos. Os seres materiais são o reflexo, são formados pelo que há no campo mórfico da espécie – que ao mesmo tempo CRIA e é CRIADA pelo campo – porque este precede a matéria, mas é formado pelas consciências anteriores, que enquanto na matéria, criaram o conteúdo daquele campo.

Neste sentido, mesmo nos nossos reflexos no plano físico, experimentamos uma espécie de unidade. Ao mesmo tempo, isso explica porque o que cada um de nós sabe influencia o nosso entorno, ao mesmo tempo em que cumpre um papel essencial na composição do campo.

O conhecimento de Einstein, por exemplo, pertence ao campo mórfico humano. Do mesmo modo, quanto mais despertos existam, mais despertos poderão existir, porque a incorporação do elemento de despertar e de entendimento ao campo fará com que os próximos seres ligados a este campo venham prontos para o aprendizado com mais facilidade: porque já havia aquele conteúdo no campo quando seus novos corpos físicos forem formados.

Isso explica também a crescente facilidade de aprendizado das novas gerações: porque o campo vem se atualizando; e na formação de seus corpos físicos, os seres utilizam esse conhecimento que já está no campo. No caso dos que nasceram antes de um determinado conhecimento ser incorporado ao campo, eles tem de aprender sem a facilidade do conhecimento presente no campo no momento de sua formação. Ou seja, não estava lá, não veio com eles, precisa ser incorporado depois, e claro, é menos eficiente e mais trabalhoso do que um conhecimento que já veio incorporado como potencial ao ser desde a sua formação.

No processo de materialização; de ancoragem no corpo físico, há uma interligação da consciência ao campo e ao novo corpo. Esse processo se estabelece, nos humanos, no tempo equivalente aos 49 dias numa gestação, ponto a partir do qual uma consciência pode ser considerada encarnada.

Os campos explicam também grande parte da semelhança das experiências pessoais com o DMT e a ayahuasca, por exemplo. Assim como nos momentos de nascimento e morte, uma taxa elevada de DMT no sistema "aciona a antena" que é a glândula pineal, permitindo a interação mais direta com o conhecimento contido no campo mórfico. Deste modo, arquétipos e conhecimentos podem ser acessados diretamente do campo.

Alem disso, a relação com as outras espécies de consciências ou seres do planeta fica facilitada pelo acesso direto ao campo humano no Grid que é compartilhado por todos os seres do planeta, inclusive devas, plantas, animais, minerais, energias e elementais ligados à natureza e todas as consciências que tenham participação no Grid e portanto, ligação com este planeta.

Entretanto, a coisa mais importante para entender a influência dos campos mórficos é que eles são formados pelos indivíduos componentes da espécie – que formam seus campos e o grande campo da espécie com base nos seus hábitos, atos e comportamentos. E esta é a grande chave relevante: não importa o que a espécie humana FALE, ou o que ela PENSE, apenas. Para influenciar a composição do campo mórfico, é preciso FAZER. E fazer como HÁBITO. Algo que foi feito fortuitamente por um único indivíduo de uma espécie e sem grande intenção envolvida, não terá grande impacto no campo. Algo que for feito seguidamente, muitas vezes, por um crescente numero de indivíduos da espécie, passará a ocupar, inexoravelmente, um papel importante no campo.

Assim, cada mudança que queremos ver no mundo tem de partir de nós mesmos, ao incorporar e tornar hábito, ao mesmo tempo estimulando que outros indivíduos da espécie façam o mesmo. Este é um modo efetivo de influir no campo mórfico humano e portanto, na evolução da espécie.

O campo mórfico influencia energicamente e biologicamente a formação de cada ser. E cada ser influencia em alguma medida na formação do campo mórfico de sua espécie. O quanto cada ser recebe e se liga ao campo mórfico depende também de suas escolhas e intenções. Indivíduos de vontade e intenção mais fraca estabelecem um tipo de "via de uma mão" só com o campo da sua espécie: estes recebem muito mais do que contribuem, e assim, dependem mais do que existe já consolidado no campo da espécie para tudo que desejem realizar. Indivíduos de vontade e intenção "forte" fornecem uma maior contribuição para a modificação dos campos. Quanto maior a força de intenção que um indivíduo coloca nas suas escolhas, mais ele "envia" a sua participação ao campo. Quando mais ele "envia", mais equilibrada é a sua "relação de troca" com o campo, estabelecendo uma "via de duas mãos". Quanto mais equilibrada é essa via, menos ele será inadvertidamente influenciado por aspectos que existam no campo, com os quais ele não tenha um alinhamento intencional. Sabendo que no campo mórfico existem, naturalmente, conteúdos que podem ser chamados de "negativos", percebe-se aí o extremo valor e importância de criar esta via equilibrada.

É preciso lembrar que cada indivíduo só pode acrescentar algo novo ao campo REALIZANDO algo novo. Todos os comportamentos já inseridos no campo apenas podem ser reforçados ou diminuídos, conforme a quantidade e freqüência de repetição do padrão que a espécie tenha. A grosso modo, um milhão de homens inconscientes que apenas repetem padrões estabelecidos no campo, apenas reforçam estes padrões sem criar nada novo. Mesmo em numero menor, indivíduos que

CRIAM novos comportamentos influenciam muito mais o campo, produzindo novas correntes e novos hábitos. Assim, a maioria silenciosa e conformada funciona apenas alimentando e sendo alimentada pelo conteúdo já existente no campo mórfico. Mas os indivíduos que mudam o campo mórfico são aqueles que impulsionam sua espécie. E com isso, mudam o mundo.

Tudo isso ocorre no plano físico, mas numa vibração chamada etérica. O etérico é um dos estados possíveis para as energias físicas. O que determina os diversos estados da matéria é a vibração (a freqüência atômica) – que costumamos chamar de movimento das partículas que a compõem. Se as partículas vibram mais lentamente, mais sólido; se vibram mais aceleradamente, passamos ao liquido. Ainda mais, ao gasoso. Por fim, numa freqüência vibratória ainda mais alta, a matéria (ou, na verdade, a energia que estava contida sob forma material) passa ao estado etérico, que é o mais sutil estado físico – quando a energia, que nos demais estados está confinada às leis físicas da densidade, passa a ser regida pelas leis sutis. As leis que chamamos físicas são as leis da matéria densa. Por isso, o etérico não é um Plano de existência, e sim um estado físico que precede, forma e influencia os estados da matéria densa.

MARCAS DAS PRIMEIRAS LIÇÕES

Ainda que eu falasse a língua dos homens e a língua dos anjos, sem amor eu nada seria.

~ PAULO DE TARSO

Grande parte do que forma nossas características de intenção, personalidades e capacidade de agir e influir no mundo é ensinado nos primeiros anos de nossas vidas, durante a infância. por isso, vamos agora examinar algumas das marcas que carregamos pela vida, e que nos são deixadas pelo modo como vivemos nossas primeiras lições ao iniciar nossas vidas como bebês e crianças no plano físico terrestre.

Porque as pessoas sentem-se tão inclinadas a obedecer? Porque tantas querem que lhes seja dito o que devem fazer? Porque tantas, mesmo adultas, tendem a esperar que lhe digam o que fazer e como viver suas vidas? Curiosamente, ao mesmo tempo, quando alguém sabe o que está fazendo (ou pelo menos acha que sabe) esta pessoa não quer ouvir os outros. Ela se ressente e fica chateada se você tenta dizer a ela o que fazer. Todos já ouvimos a frase: "não tente me ensinar o meu trabalho."

Esse é um contraste interessante: quando falamos do trabalho

– ou seja – de algo para o que aquela pessoa estudou ou foi preparada para fazer, ela sente que sabe o suficiente para realizar e decidir. E quando sente-se assim, ela quer assumir a responsabilidade e fazer as coisas à sua própria maneira.

O fato é que a maior parte das pessoas atualmente está muito mais preparada para o trabalho do que para a vida. Elas estudaram e pesquisaram e executaram suas tarefas por tanto tempo, que de um modo ou de outro, sentem-se preparadas e auto-suficientes no trabalho grande parte do tempo.

Mas não para a vida. As escolas não ensinam para a vida. Apenas para o trabalho. Então, a maioria das pessoas está, na verdade, muito despreparada para a vida. Entende perfeitamente aquilo que se refere a executar suas ações profissionais, mas absolutamente não entende como viver. Todo trabalho, por mais complexo que seja, é apenas um fragmento, apenas uma especialização, dentro da infinita variedade e grandeza da experiência de viver.

Muitos isolam-se no trabalho, curiosamente, porque tem preguiça, porque não querem se dar ao trabalho de aprender mais ou porque simplesmente tem medo do desafio de viver plenamente. O modo como muitos resumem suas vidas ao trabalho é apenas um escudo, a expressão externa de um profundo despreparo frente à vida. O trabalho torna-se o campo conhecido, a zona de conforto, o assunto dominado. Dentro dele, a pessoa está confortável. Há regras, metas e expectativas explícitas. Algumas empresas tem inclusive manuais de conduta, basta lê-los e você sabe como se portar em qualquer situação – mais ainda: se há um manual, e você simplesmente segue o manual – tem a sensação de que está garantido, não pode errar, sente-se protegido pelas regras.

Ao mesmo tempo em que tudo isso é verdade, outro aspecto também é interessante na atitude no trabalho: deixe alguém sem supervisão, sem que outro esteja tomando conta, sem que haja um elemento externo dizendo o que deve ser feito, e essa mesma pessoa fará as coisas ao seu próprio modo. Todos se ressentem contra alguma regra. Parece contraditório, mas não é: As pessoas não estão seguindo as regras para chegar ao resultado, resolver o problema ou simplesmente realizar do melhor modo a tarefa.

Elas estão seguindo as regras para serem amadas. Porque foram levadas a crer que somente seguindo regras e sendo boazinhas elas serão amadas.

Apenas porque acreditam que este é o único caminho para serem aceitas, para serem cuidadas, para receberem amor, para terem amigos. Por isso, se não há ninguém para testemunhar, elas não seguem as regras estritamente. O que não significa que vão fazer tudo errado. Apenas não vão se preocupar em realizar cada passo de modo ritualisticamente preciso.

As regras funcionam porque foram bem pensadas? Não. Ao contrário: todos conhecemos um número infinito de regras absolutamente sem sentido. As pessoas fazem o que se espera delas porque entendem isso como uma receita para serem aceitas, admiradas e eventualmente, para justificar seus erros.

Mas a vida é diferente da realidade do trabalho. É múltipla, complexa e nela não existe manual. Embora existam regras sociais de convívio, ainda assim não existe garantia que o que você vai fazer na vida está certo. A vida é muito mais que um espaço ocupado por uma pequena atividade de uma relevância quase sempre irrisória para o mundo como um todo, como um escritório ou uma fábrica. É infinitamente mais rica, complexa e maravilhosa que isso.

As origens do comportamento de esperar que outros decidam e o sentimento de que somente será amado se cumprir as regras estão entranhadas em nós desde muito cedo. Elas nascem da combinação criada pela nossa absoluta fragilidade quando nascemos, somada ao triste tipo de relação que muitas famílias (ou, na falta delas, as pessoas que educaram a criança) estabelecem desde muito cedo, que é o amor "condicional" ou "condicionado".

"Amor Condicional"

Antes de prosseguir, é importante entender uma verdade profunda: estamos usando o termo "amor condicional" para facilitar o entendimento, porque infelizmente esse é um termo que faz sentido para muitas pessoas. Na verdade, isso não existe. Tudo aquilo que é condicionado a comportamento, obediência e conformação para existir não é amor. É outra coisa, muitíssimo diferente. Pode ser necessidade, paixão, desejo, vontade, pode ser busca de poder ou controle. Pode ser preocupação, pode ser responsabilidade. Pode ser inúmeras coisas, negativas ou positivas.

Mas o Amor é incondicional. Amor é apenas sentimento puro, nada mais. O amor não depende de nada vindo do outro. Não depende do que o outro faz. Ele nasce dentro de você. Ele não tem razão ou lógica. Ele não aumenta quando o ser amado acerta, nem diminui quando ele erra. Infelizmente, muitas pessoas pouco sabem sobre o que é amor, e usam esta palavra para denominar coisas que nada tem a ver com ele.

O Amor verdadeiro não se modifica, embora suas expressões externas sejam infinitamente variadas e adaptem-se às necessidades e circunstancias. Há momentos em que você tem de repreender seu filho. Há momentos em que tem de dizer ao seu amigo para ficar longe, respeitar e não interferir. Há momentos em que você tem de dizer a quem você ama: por favor, me deixe sozinho, você não está me fazendo bem. Mas mesmo no momento em que você faz qualquer uma dessas coisas, no seu interior, se ama de fato, você sabe que o sentimento não mudou, não sumiu, não desapareceu. Você sabe que é possível amar até mesmo quem não lhe faz bem.

Portanto, podemos continuar agora, para a conveniência do entendimento apenas, a usar o termo "amor condicional". Faremos isso porque é importante para o entendimento do restante do assunto; mas agora que você sabe, procure não se esquecer:

É incondicional, ou não é amor.

Amor condicional não existe.

Absoluta Fragilidade

O ser humano nasce completamente dependente, incapaz de sobreviver sem cuidados intensivos; sem receber uma dedicação ininterrupta e quase exclusiva de outro ser para garantir que aquela vida siga. Há nisso uma intenção e uma lição importantes. É a primeira das muitas lições que aprendemos a cada vez que chegamos a este mundo: não podemos sobreviver sozinhos. Fomos feitos para interagir, trocar, tocar, integrar. Nossa chegada ao mundo, sabiamente, nos ensina imediatamente:

Se houver separação, não haverá vida.

Cada um de nós já nasce com uma razão para sentir infinita gratidão, pelo menos pelo Ser que nos permitiu viver. Não apenas nos trouxe à vida. Mas que passou anos dedicando-se a nos manter vivos. Durante os primeiros anos, não apenas somos dependentes, mas também não ajudamos. Não há nada de útil que um bebê possa fazer para outro ser. Ele consome recursos, energia, tempo, dedicação. Ele apenas recebe. E é assim que deve ser.

Com isso, é ensinada uma importante segunda lição: a vida de um ser humano deve existir porque há amor incondicional. Durante anos os outros seres não podem beneficiar-se em nenhum aspecto de "contribuição ou utilidade" vinda de um bebê. Os outros Seres não "ganham" nada, por assim dizer. Mas mesmo assim, dedicam-se mais àquele ser do que a si mesmos. Sim, naturalmente: a lição não é apenas para o ser que chegou: é também para aqueles que o receberam.

No modo natural de concepção neste planeta, o que deve garantir que um bebê viva é o amor. Portanto, devemos ter gratidão infinita pelo amor que nos é dado, desde o primeiro instante.

Como fruto da absoluta dependência inicial, aprendemos ainda que, se não formos cuidados, sofreremos. Desde muito cedo associamos separação a sofrimento. Sentimos que, separados de quem nos cuida, passamos fome. Frio. Sede.

Bebês não conhecem o tempo: eles chegam a este mundo apenas com os sentimentos e os instintos que fazem parte da natureza. E o tempo não é um elemento da natureza, é na verdade apenas um conceito, uma criação intelectual dos seres humanos. Na natureza, não existe tempo: O que existe é a dinâmica do movimento e sucessão de acontecimentos: uma planta não floresce porque o calendário diz que é primavera. Ela floresce porque o movimento do planeta e a sucessão de acontecimentos nela e no mundo em torno dela produziu este efeito. O tempo não passa de um constructo, uma concepção intelectual humana.

Para um bebê, quinze minutos chorando sozinho de frio e fome no escuro são uma eternidade. Como todos os seres que vivem integrados à sua própria natureza, só o que existe para ele é o AGORA, o momento presente. Ele apenas SENTE. E a sensação de frio e fome para um bebê significa a coisa mais próxima que seu instintos associam ao conceito de morte.

Por isso eles choram como se suas vidas dependessem disso. No único "tempo" que existe para eles, o AGORA, eles sentem que podem morrer. Em sua pequena inocência, pureza e desconhecimento, isso nada tem de absurdo: de fato, eles estão certos: se aquela situação permanecer, o resultado seria a morte.

Esta associação "separação = sofrimento" existe originalmente para ensinar que todos somos Um. Ela tem seu papel, mas uma vez que fosse aprendida, daria lugar à segurança natural que vem do amor incondicional; de saber que não será esquecido, não será abandonado. Que pode confiar sua vida a outro Ser que também saiba que todos somos um. Esta é uma lição importante. Infelizmente, muitos são gerados e criados de um modo completamente diferente do modo previsto para a experiência neste planeta.

Nestes modos diferentes, criados por regras e convenções sociais intelectualizadas, racionalizadas, muitas vezes a lição de que Somos Um e a experiência do amor incondicional não são adequadamente experimentadas pelo novo ser gerado, porque aqueles que o geraram não podiam ensinar.

Porque a nenhum ser é possível dar o que não tem.

Se a lição fosse vivida e incorporada ao novo Ser, passaria a fazer parte dele, que com isso, seria delas liberado para seguir em frente com outras lições.

Se a lição não foi aprendida no início, durante toda a vida continuará precisando aprendê-la. E por isso vai sentir que toda separação é necessariamente igual a sofrimento. Vai criar pela vida afora inúmeros apegos que o farão sofrer.

Cada vez que estiver sozinho, sentirá medo e vazio. Porque é isso que foi ensinado a sentir desde muito cedo. Terá dificuldade em entender que estar só, por escolha, quando se é autossuficiente, pode ser algo bom, precioso e necessário. Para que haja diálogo interior, para que ele conheça a si mesmo, assuma a responsabilidade pelas escolhas da sua vida, de modo feliz, sem esperar que outros escolham por ele. Para que possa agir do modo que acredita, fazer aquilo que fala à sua consciência e ao seu interior, ao seu próprio senso de missão.

Poderia assim, viver de modo autêntico, sem necessidade de regras e controles; porque um Ser que aprende as lições "Somos um" e "Amor incondicional" no início da sua vida, tem as condições básicas para viver de um modo ético, moral e positivo.

A geração fora do amor incondicional

Mas a nossa sociedade, tristemente, vive comportamentos insanos; capazes de corromper até mesmo a pureza do momento precioso da chegada de um novo ser a este mundo. Desde há muito tempo, e ainda hoje, há pessoas que têm filhos por razões egoístas, individualistas, por interesse pessoal ou até por razões econômicas. Isto faz com que o Ser que está sendo recebido neste mundo seja alvo de interesse egoísta, ao invés de doação e amor incondicionais. Um Ser que desde a concepção, está sendo usado como uma ferramenta para os interesses alheios.

Um ser que chega a este mundo nessas condições infelizes tem uma realidade muito dura à sua frente: aquela do chamado "amor condicionado", que não passa de interesse egoísta. Se os próprios seres que o geraram não tem por ele amor incondicional, não têm a motivação correta para quererem que ele exista – como poderia ele aprender o que é amor incondicional?

Desde o nascimento, nessas condições, há a carga da expectativa de um "serviço" a ser prestado pelo novo ser, quais sejam: existir e permanecer vivo, para gerar um determinado benefício a outro Ser. O cuidado que será dispensado a essa nova vida não está de fato motivado pelo amor, mas sim, pelo interesse. Nessas condições extremamente egoístas, será dado a esse ser o estritamente necessário para que fique vivo. Pode inclusive não haver nenhum interesse em sua alegria, felicidade e bem-estar. Apenas o interesse da sobrevivência para o cumprimento da "função" para o qual foi gerado.

Agora leia novamente o Parágrafo acima, pensando não numa criança, mas num escravo. Sim: Isso não é gerar um filho. Isso é produzir um escravo.

Produzido como um escravo, desde sua concepção, este Ser provavelmente terá grandes dificuldades em liberar-se desta origem. Pode passar a vida toda aguardando ordens, ou, rebelando-se, tornar-se um ditador, sentir-se como um "senhor de escravos", como uma forma de "devolver" aquilo que lhe foi dado. Pode ainda passar a vida toda buscando "corresponder" ao serviço que lhe é esperado, exatamente como lhe foi ensinado: isto é o que ele SENTE, pois desde que nasceu foi ensinado a "pagar" deste modo para ser cuidado e sentir-se "amado".

Jamais imagine que, pela falta da linguagem, os bebês não percebam profundamente tudo que os cerca: Quando bebês, os seres humanos tem um talento natural para a perfeita percepção da INTENÇÃO dos outros seres. O bebê SENTE a INTENÇÃO no outro, exatamente do mesmo modo como ele sente qualquer coisa nele mesmo.

Este talento vai sendo esquecido ao longo da vida, porque deixamos de olhar as pessoas nos olhos; porque o foco de nossa atenção vai se tornando cada vez mais efêmero, e assim permitimos substituir este talento por nossas diversas formas de linguagem e comunicação. Do mesmo modo, muitas vezes a lição de que SOMOS UM vai sendo esquecida. E quando esquecemos uma lição, ela retorna para nos ensinar novamente.

Assim é também com a segunda lição, o Amor Incondicional: se não foi vivida e aprendida, voltará a apresentar-se através de inúmeros desafios e crises, pela vida toda (e por muitas vidas se necessário), até que seja enfim vivido e sentido. Porque esta é a infinita generosidade do Cosmo.

A INFÂNCIA ETERNA

O desejo de controlar o que está fora de nós é a mãe de todas as ilusões. Esta ilusão impede o crescimento espiritual, até que seja abandonada.

"Biologicamente, um adulto é de um ser humano ou outro organismo que é de idade reprodutiva (maturidade sexual). No contexto humano, a idade adulta, adicionalmente, tem significados associados a conceitos sociais e legais, por exemplo, um adulto legal é um conceito legal para uma pessoa que tenha atingido a idade da maioridade e, portanto, é considerada como independente, auto-suficiente, e responsável (contrastando com "menor"). Além disso, a idade adulta adulto humano engloba o desenvolvimento psicológico.

Definições da vida adulta são muitas vezes inconsistentes e contraditórias, uma pessoa pode ser biologicamente um adulto, e têm um comportamento adulto, mas ainda ser tratado como uma criança, se eles estão abaixo da maioridade legal. Por outro lado, pode ser legalmente um adulto, mas não possuem a maturidade e responsabilidade que pode definir o caráter adulto." (Wikipédia)

Chamamos de "infância eterna" uma condição que aflige

muitos que já não tem poucos anos de vida. Referimo-nos à imaturidade que persiste mesmo em muitos que já não sendo tão jovens, e nem inocentes (em muitos sentidos) continuam comportando-se como crianças já tendo vivido várias décadas.

Maturidade é o entendimento e reconhecimento da existência e igual relevância de direitos e liberdades dos seus semelhantes. Uma criança tem uma visão limitada do mundo, no sentido que é uma visão pouco ampla. A criança coloca-se sempre no "centro do mundo" – e para a percepção infantil, as eventos só existem na medida da relação com ela mesma; portanto, todos os eventos percebidos devem ser "motivados"e "dirigidos" a ela e por ela. Por isso, a criança muito nova não reconhece, não entende, por exemplo, a necessidade do adulto dormir, quando ela mesma está acordada. Partindo do pressuposto infantil de que "o mundo existe PORQUE eu existo", ela não pode conceber que alguém tenha necessidades não relacionadas a ela. Isso está fora do escopo de compreensão de uma criança de 2 anos de idade, o que, nesta fase, é apenas natural.

Agora, pense por um instante em quantas pessoas com décadas de vida você conhece que agem exatamente da mesma maneira. Incapazes de perceber que o mundo não existe "por elas". Incapazes de conceber que outro indivíduo tem necessidades que não se relacionam a ela.

Mesmo que esta pessoa tenha 20, 30 ou 80 anos... sua mentalidade é imatura: esta atitude não é adulta. Esta atitude é de uma criança, mesmo que o indivíduo em questão tenha 60 anos de idade. Quando alguém age sem o reconhecimento da existência e das necessidades do outro, esta atitude é idêntica àquela da criança que ainda não aprendeu que não é o centro do mundo.

Quando alguém ocupa um lugar reservado num ônibus, ignora as outras pessoas e passa-lhes à frente numa fila; "atropela" e empurra as outras pessoas num lugar cheio; quando alguém ouve música num carro ou num celular num volume alto o suficiente para afetar as atividades dos semelhantes à sua volta... todas essas atitudes denotam uma completa falta de maturidade e entendimento do mundo adulto, que demanda o reconhecimento da existência do "outro" a sua igualdade de direitos e liberdades.

Todos estes exemplos acima são bastante simples, externos e visíveis. Mas nem tudo no mundo da maturidade é tão visível e claro.

Quando alguém tenta impor a outro ser que aja de um modo específico, apenas por um desejo pessoal de que isso seja feito; qual seria a diferença real entre isto e a atitude da criança de 2 anos que não entende como a mãe possa querer dormir, se ela mesma já está acordada? Nenhuma diferença. Tentar impor a sua vontade ao outro é exatamente agir como uma criança de 2 anos. É um comportamento aceitável para a criança de 2 anos. E é absolutamente vergonhoso num ser que julgue-se adulto.

Quando alguém tenta impor que algo aconteça imediatamente, apenas para satisfazer a sua própria ansiedade; qual a diferença entre isso e a atitude de uma criança de 2 anos que chora porque a mãe foi ao banheiro?

Quando alguém se permite ofender ou ser ríspido com o outro, apenas porque algo que foi feito não lhe agrada, qual a diferença entre isso e a criança que grita com o outro que não lhe deu o brinquedo?

Desde cedo, a maioria dos pais busca ensinar, de algum modo, que não se deve "impor" a sua vontade ao outro; e essa atitude tem muitos nomes: é chamada birra, mimo, descontrole. O termo em inglês para isso é bastante interessante: spoiled. A mesma palavra usada para dizer que algo está estragado. Um ser humano que age assim, está, de fato, estragado.

O que dizer, por exemplo, de alguém que exige que outro ser cumpra um prazo insensato para a entrega de um trabalho, apenas porque a falta de planejamento ou a sua vontade pessoal assim deseja? É absolutamente a mesma coisa. O que dizer de alguém que altera ou frauda uma licitação, roubando o dinheiro dos contribuintes, apenas para guardar para si mesmo ou seus amigos? É absolutamente a mesma coisa. É somente a incapacidade de entender que o mundo não gira ao seu redor. Que há outros seres no mundo, e que estes tem o mesmo direito e merecem a mesma liberdade. O que dizer de um ser que destrói uma floresta para ali fazer um empreendimento particular que dará lucros e benefícios a uns poucos?

Na mesma medida em que devemos proteger e cuidar da verdadeira infância, daqueles que são de fato pequenos e inocentes, devemos exigir de nós mesmos uma atitude adulta e madura em TODOS os aspectos da nossa vida, uma vez que deixemos os primeiros anos de vida.

O estado atual da maioria dos governos, que age apenas por interesses próprios, econômicos e de curto prazo, jamais pensando no bem comum; assim como o estado atual do ambiente no planeta, são um exemplos claros de que temos sido crianças soltas numa loja de doces: bagunçando tudo, experimentando tudo, absolutamente indiferentes ao que pode acontecer, absolutamente ignorantes do fato que estamos destruindo, inclusive, a nós mesmos, através da destruição da nossa casa.

Mais dia, menos dia (como sabe qualquer adulto) a vida manda a conta por todas as nossas atitudes.

LUZ E SOM, LENTE E AFINAÇÃO

Se voce quer compreender os segredos do universo, pense em termos de frequencia e vibracao.

~ NIKOLA TESLA

E o peixe pergunta "mas o que é essa tal água à qual você se refere?"

Completamente imerso em água, o peixe não percebe os limites do ambiente que o contém. Do mesmo modo nós, restritos ao corpo material denso, não percebemos os limites do mundo energético no qual estamos completamente imersos.

Tudo no mundo é apenas energia, tornada densa e material em infinitas variações de grau, freqüência e vibração. Isso inclui TODOS os seres, todos os objetos inanimados e você mesmo. Tudo é energia, materializada sob uma determinada forma, sustentada pela freqüência e vibração, definidas pelas características eletromagnéticas que mantém a forma coesa.

Somos formados de átomos, assim como TUDO no universo. E nossos átomos são compostos, entre outras partículas, de elétrons. Sabemos que na verdade, não "tocamos" nada no mundo.

O que ocorre de fato é a interação das cargas de elétrons dos átomos do seu corpo com os átomos de qualquer objeto. Cada "contato" seu com qualquer coisa realiza-se, portanto, no nível da interação estabelecida pelos elétrons dos seus átomos. ESTA é a PARTE de você que tem contato como mundo. A ÚNICA. E NENHUMA OUTRA. E esta afirmação é puramente científica, é uma constatação básica da física, claramente estabelecida há bastante tempo.

Sua energia não apenas o forma e emana de você. Ela também funciona como uma LENTE através da qual você percebe o mundo e se relaciona com ele. Se a sua lente está suja, isso distorce a sua visão do mundo. Se a sua lente é vermelha, tudo lhe parece vermelho. Se a sua lente é azul, tudo parece azulado.

A sua "LENTE" energética é formada pelas energias etéricas, pelos seus corpos astral e mental. E é essa lente energética, CRIADA por você mesmo, que determina como você se relaciona com o mundo. Isto é a base de funcionamento da lei da atração (você atrai o que emana), porque essa LENTE energética é modulada por alguns fatores; entre eles, em PRIMEIRO LUGAR, pela sua consciência. Em seguida, pelas demais modulações à sua volta, emanadas de todos os seres, objetos e consciências que compõem o ambiente no qual você está inserido.

Há aqui um fator fundamental a ser entendido: a capacidade da SUA CONSCIÊNCIA para modular a sua energia é MUITO maior que a dos fatores externos. Afinal, é a SUA consciência, agindo sobre a SUA energia. Os fatores externos SÓ podem modular a sua energia na medida em que você PERMITA isso. O essencial a ser percebido é: no que consiste essa permissão?

A "permissão" é dada, inclusive, pela omissão: a sua ausência ou falta de eficiência em CONSCIENTEMENTE imprimir intenções sobre a sua própria energia deixa o caminho livre para que as impressões exteriores aconteçam.

Você tem a MAIOR E PRINCIPAL forma de controle das suas energias à sua disposição. Mas depende, sempre, da sua intenção e vontade de usar este controle. Quando a sua consciência despeja informações e ordens para alinhar as suas energias, estas ordens constituem um fluxo FORTE de informação consciente e isso OCUPA os seus "canais de informação". Portanto, a sua energia é MODULADA de acordo com a sua vontade... não deixando espaço nos "canais" para que os fatores externos tenham espaço para agir. Mas, se ao contrario, você oferecer pouca ou nenhuma informação consciente, intencional neste sentido, os canais de informação ficarão vazios, disponíveis. E então, o que acontecerá? As influencias externas, vindas das outras fontes e consciências que habitam o mesmo ambiente, encontrarão um canal aberto para agir SOBRE as SUAS energias.

A capacidade dessas fontes externas de atuar sobre as suas energias é MUITO menor que a SUA capacidade INTENCIONAL, especialmente se esta for bem treinada. Mas, como você já deve ter notado, a maioria das pessoas não está consciente de NADA disso. A maioria das pessoas coloca pouquíssima intenção consciente sobre suas próprias energias. O resultado é que muitos vivem à mercê do ambiente energético circundante, absorvendo qualquer influência e sendo por ela "arrastado" de modo inconsciente.

Todos já experimentamos ocasiões nas quais, ao entrar num lugar, somos impactados pela energia que se encontra ali. Isso acontece, principalmente, quando somos "pegos de surpresa", quando não nos preparamos conscientemente para o que vamos encontrar pela frente. Então, um lugar depressivo, cheio de pessoas tristes e desanimadas, influencia grandemente quem ali chega despreparado. Do mesmo modo, sentimo-nos contagiados pela alegria e animação em outras situações. Esses são exemplos nos quais recebemos influencias externas, das pessoas, dos lugares e mesmo dos objetos que nos cercam.

Embora isso aconteça com freqüência, é importante aprender que isso NÃO PRECISA ser necessariamente assim. Contanto que você aprenda a canalizar conscientemente a SUA intenção e modular a SUA própria energia.

Formas, vibrações e freqüências
Muitos já viram as famosas fotos do Dr. Massaru Emoto. Ele

fotografa água com uma técnica que permite mostrar sua organização molecular. Pensamentos e palavras positivas criam como efeitos na água formas belas e harmoniosas. Pensamentos e palavras negativos criam entropia: formas desorganizadas, "feias", não–harmônicas. Algo semelhante já havia sido mostrado antes com os experimentos nos quais se colocava areia sobre um prato de cobre, fazendo com que este vibrasse numa determinada freqüência: a areia dispunha-se em formas diversas, muitas vezes formando imagens que lembram as mandalas orientais (há muito conteúdo em vídeo e fotos sobre esses experimentos que você pode consultar na internet). Esses experimentos demonstraram inequivocamente a influencia do som, das palavras, da intenção, da vibração e do pensamento sobre dois elementos fundamentais: água e areia (silício).

Agora, pense um instante na composição do seu corpo material: o corpo humano é composto de no mínimo 58% de água (podendo chegando a até 80%) e o sangue humano tem cerca de 10 mg de silício por litro. A pele, o maior órgão do corpo humano, contem mais de 6% de silício quando desidratada e tornada cinzas. Apenas pela importância desses dois elementos na composição do corpo e os experimentos citados acima, fica muito simples deduzir que efeitos muito semelhantes são produzidos na água e no silício presentes no seu corpo.

Do mesmo modo como pensamentos e intenções produzem efeitos nas moléculas de água sobre uma placa, esses efeitos são produzidos na água em você. Mas, naturalmente, a água que compõe o seu corpo está muito mais sujeita a responder aos SEUS pensamentos e intenções do que a qualquer fonte de intenção ou pensamento externo. E o mesmo acontece com diversos outros elementos que compõem o seu corpo.

Agora, imagine que há diversas fontes de vibração e freqüência diferentes, "concorrendo" para influenciar a água. Para um perfeito entendimento, imagine que está sozinho numa sala no mais absoluto silencio. Qualquer som, por mais sutil que seja, será ouvido. Já numa sala cheia de gente falando alto, com musica tocando e carros passando na rua em frente... o mesmo som jamais seria percebido. Seria necessário produzir um som realmente ALTO para que ele fosse ouvido nessas circunstancias.

Essa é uma comparação clara do que acontece com as "influencias externas versus intenção interna" em muitas situações no mundo moderno: uma combinação infeliz de MUITO BARULHO externo com praticamente NENHUMA intenção interna. Visto assim, surpreende que as pessoas sintam-se "vitimas" das influencias externas? Elas não produzem praticamente nenhuma intenção consciente para si mesmas, enquanto estão totalmente imersas no ensurdecedor barulho do mundo. Como poderiam ouvir a si mesmas? Como poderiam influenciar a si mesmas, quando sequer conseguem se ouvir?

Como sabe qualquer habitante de uma grande cidade, é quase impossível silenciar o barulho lá fora. Mas como bem sabe qualquer praticante dedicado à meditação, é totalmente possível aumentar o volume da sua VOZ interna, da sua atenção sobre si mesmo; FOCAR suas próprias intenções e assim exercer um COMANDO que vai se tornando, com a prática, MAIOR E MUITO MAIS EFETIVO que a "barulheira" exterior.

Afinando o instrumento

É importante entender que os veículos ou corpos energéticos (etérico, astral/emocional e mental) não são a mesma coisa que a aura. Esta é a emanação resultante, a expressão dos seus corpos ou veículos energéticos. Ou seja, o aspecto da aura RESULTA das condições dos corpos sutis. Assim, não faz sentido buscar "melhorar a aura". O que importa é aprimorar, harmonizar, "afinar" os veículos sutis. O RESULTADO desse aprimoramento será refletido no aspecto da aura.

Agora, passaremos a uma outra comparação, mais útil à explicação de como se pode utilizar sua própria consciência para influenciar positivamente a si mesmo e ao mundo a sua volta. Pense no seu aspecto energético, no conjunto dos seus veículos sutis como um instrumento musical, um violino, por exemplo.

Para aqueles que não conhecem os princípios da afinação de instrumentos musicais, é importante saber: todos os instrumentos de cordas, como o violino, devem ter as suas cordas afinadas de acordo com uma nota de referencia, para que produzam sons harmônicos na relação entre elas e, no caso de um concerto numa orquestra, com os demais instrumentos.

A primeira comparação importante aqui é: um violino deve ser afinado TODAS as vezes que vai fazer uma apresentação, porque as variações naturais de temperatura e umidade mudam a tensão das cordas, e com isso, as desafinam. Então, cada vez que vai executar um concerto, o violinista precisa afinar o instrumento. Dependendo das variações climáticas às quais foi exposto, o violino poderá estar muito desafinado, ou apenas um pouco fora do tom. Percebe a semelhança com os seus estados de consciência? Há dias em que você está perfeitamente harmônico, outros em que está "apenas um pouquinho desafinado". Há outros em que você está soando terrivelmente, seu humor está realmente ruim e tudo parece "fora do tom". Aí é que está: não "parece". Está mesmo.

A Nota-Chave

Cada ser humano tem uma "nota vibratória fundamental". Não se trata exatamente de uma nota musical, e sim, de uma nota vibratória – por isso, CADA ser humano tem uma nota absolutamente única, como as digitais dos seus dedos. Essa nota vibratória "ressoa" por todo o seu ser, por todos os seus corpos: desde o físico denso até o mais sutil. Pense em cada um deles como uma corda no seu violino. Se todos os seus veículos estão afinados, tudo soa bem. Se os seus veículos mais densos, como o físico e o emocional, estão desafinados em relação à sua "nota vibratória", a musica não pode ser tocada direito. Quanto mais denso o veículo, maior a exposição que ele sofre em relação ao ambiente externo. Portanto, os quatro veículos inferiores ou mais densos são aqueles que desafinam com mais freqüência:

Quadrado Inferior: Físico – Etérico – Astral ou Emocional – Mental inferior (ou mental concreto)

Já os chamados veículos superiores sofrem pouca, ou nenhuma influencia do ambiente terrestre. Estes são:

Tríade Superior: Mental Superior (Manas ou Mental abstrato) – Búdico (ambos em conjunto formando o chamado Corpo Causal) - Átmico

Cabe destacar que não se tratam de oito, mas sim de 7 corpos ou veículos. Entretanto, cada um deles é subdividido. Aqui, nesta explicação, destacamos duas "camadas" diferentes do mental, quando na verdade ele é um único "conjunto". Ocorre que o mental inferior (ou concreto) é a parte deste veículo que se relaciona com a personalidade atual. Já o mental superior (ou abstrato) , é diretamente relacionado ao corpo Causal. Este encontra-se fora do alcance das esferas densas da vida material e não é, portanto, sujeito a "desafinar" como os mais densos.

Desta maneira, temos no corpo mental um caminho para que o diapasão, a "nota vibratória fundamental" possa ser alcançada, e com base nela, possamos "afinar" os veículos inferiores.

Podemos realizar esta afinação por diversos meios, mas entre eles, destacamos especialmente a meditação, que pode ser realizada por qualquer pessoa, em qualquer idade, bastando que se encontre num estado razoável de saúde, absolutamente sem nenhum custo, bastando apenas VONTADE e PERSISTÊNCIA.
Há muitos modos de meditar, e sugerimos que cada um procure as técnicas que mais lhe favorecem. A meditação tibetana, a meditação iogue indiana, a meditação transcendental, e o estilo Zen japonês – todas são técnicas boas e seguras. A maior parte dos Centros de Dharma (centros budistas) e Ashrams ou escolas indianas tem como um de seus principais objetivos ensinar meditação gratuitamente. E como não é possível ensinar meditação neste livro, sugerimos que você busque e escolha o seu caminho pessoalmente. Há na internet literalmente milhares de vídeos que mostram em linhas gerais as principais técnicas de meditação, de modo que você pode ter uma noção daquela que mais lhe agrada e então procurar um local que ensine na sua região.

Através da meditação, chega-se ao silenciar da mente. Muitos imaginam que este é o objetivo da meditação. Mas o silenciar da mente é apenas o primeiro passo. Assim que o silencio interno se estabelece, a ligação com a "nota vibratória fundamental" começa a intensificar-se. Diferentemente do violino, você não precisará ajustar as cordas girando os pinos: uma vez que se conhece o caminho para silenciar a mente, a afinação começa a ocorrer, automaticamente.

Mas, é importante lembrar, especialmente nos estágios iniciais, é preciso praticar com freqüência. Lembra-se que antes de CADA concerto o instrumento deve ser afinado? O que você considera o seu "concerto" no mundo? Cada dia da sua vida é um "concerto" que você "toca" no mundo. Hoje, bilhões de seres humanos tentam executar suas musicas tendo seus instrumentos profundamente desafinados. Acaso não é isso que parece o mundo hoje? Uma cacofonia de sons estranhos, estridentes, desarmônicos e caóticos, produzidos por bilhões de violinos desafinados.

O seu SER superior, o seu EU MAIOR ou o seu EU ESPIRITUAL, como queira chamar, vibra permanentemente a nota chave exata, e jamais desafina. Essa nota chave carrega as suas "informações" espirituais e energéticas, assim como no corpo físico o DNA carrega as suas "informações naturais básicas". É através dessa reconexão com as sua nota chave que as suas informações energéticas podem harmonizar os seus corpos energéticos inferiores e, por extensão, o seu corpo físico. E antes que alguém imagine que a nota chave deveria ser a cura para todos os males do corpo, cabe deixar claro que esta não é sequer a FUNÇÃO da sua nota chave. A harmonia entre todos os seus corpos produzirá efeitos benéficos que certamente se refletirão no corpo físico. Mas é preciso entender que o corpo físico é apenas um instrumento, inferior e temporário, apenas uma ferramenta utilizada pelo seu SER espiritual na sua evolução. Ele não é o objetivo da sua nota chave. A evolução do seu SER espiritual é. No caminho da evolução, há muitas coisas a serem aprendidas na matéria. A vida busca ensinar as lições pelo amor, primeiramente. Quando nos recusamos (normalmente por absoluta inconsciência) a aprender do modo doce, a vida acaba por utilizar-se de meios mais "impactantes". Entre eles, males e doenças do corpo físico.

Voltando então à necessidade de "afinar-se" com persistência; cabe explicar aos que não são familiarizados com instrumentos musicais que, quanto mais tempo um instrumento é mantido afinado e em condições preservadas de variações bruscas de temperatura e umidade, melhor e mais perfeitamente ele será capaz de MANTER a afinação. Temos aí duas variáveis a examinar para manter o instrumento afinado: controlar todas as condições do ambiente para evitar que desafine... ou afinar sempre que necessário. Basta um rápido olhar para a primeira variável para ficar óbvio que, vivendo na sociedade moderna deste início do século XXI, não é possível controlar tão bem as interferências externas. Há muito barulho, nervosismo, trânsito e movimento. Há muita gente vivendo, literalmente, amontoada nas cidades. Há os problemas com a alimentação, com os compostos químicos que são ingeridos quando jamais deveriam ser, com o uso do álcool e de outras substâncias que turvam a mente. Há, sobretudo, e MUITO mais grave em seus efeitos que QUALQUER dos aspectos citados acima, o medo, o estresse e a ansiedade sob o qual grande parte das pessoas vive.

Assim, encarando o fato que dificilmente a maioria das pessoas pode "parar" todos esses elementos externos por mais que algumas horas ou no máximo alguns dias, (realizando um retiro, por exemplo), resta a segunda variável: afinar freqüentemente o instrumento, exatamente porque se sabe que o ambiente externo vai agir "tirando-o" da afinação.

A freqüência da prática da meditação é variável segundo a escola ou linha escolhida. A MT, meditação transcendental, geralmente recomenda duas práticas curtas (cerca de 20 minutos) por dia, ao acordar e no fim do dia. Outras escolas utilizam meditações mais longas, uma vez por dia, ou ainda mais espaçadas.

Com o tempo e a prática, cada pessoa encontra o seu próprio ritmo, dado pelas suas próprias necessidades e estilo de vida. Idealmente, deveríamos manter o instrumento afinado o tempo todo. Se, e enquanto isso não é alcançado, é importantante ao menos afinar o instrumento quando ele COMEÇA a soar LEVEMENTE desafinado. Esse é um aspecto extremamente importante. Muitos espaçam tanto as práticas de reconexão (como a meditação) que acabam por deixar que seus instrumentos desafinem completamente. Como resultado, afinar novamente torna-se mais difícil. E é neste ponto que muitos desistem, antes de experimentarem o que é viver com um instrumento mais afinado pela maior parte do tempo. Para qualquer indivíduo que conheça verdadeiramente os efeitos da meditação, dizer que alguém desistiu de meditar é quase como dizer que alguém desistiu de alimentar-se. É simplesmente absurdo. A meditação é como o ALIMENTO do seu SER energético e espiritual. Deixar de fazê-lo é como deixar de comer, e permitir que seu corpo definhe. É exatamente o que ocorre: o seu Ser espiritual e energético definha, enfraquece. Até o ponto em que sua personalidade estará novamente desafinada da sua nota chave, e você estará novamente sentindo-se sozinho, desamparado e perdido como bilhões de outros violinos desafinados que não produzem a melodia que os faria plenos.

Se, ao contrario, houver a necessária dedicação e persistência nas fases iniciais da prática da meditação, com o tempo seu instrumento vai se fortalecendo. Seus elementos vão se tornando mais estáveis, as cordas vão estabilizando-se, a "madeira" vai se ajustando a uma determinada afinação. E assim, poderá manter a afinação MESMO quando as condições externas não forem as melhores. E, uma vez que o instrumento esteja aprimorado, também torna-se mais fácil afiná-lo com menos esforço. Há monges Zen, Lamas, Iogues e mesmo pessoas comuns, no meio de cidades modernas; que vivem num estado de harmonia. Não é porque o mundo não lhes ofereça desafios: muitos tem contato com muitos problemas da vida moderna. Mas eles desenvolveram uma ligação tão harmoniosa com o suas notas-chave que conseguem permanecer ligados a ela, soando afinados praticamente o tempo todo.

Tocando com a orquestra

Uma vez que se entende esses aspectos sobre a afinação do seu instrumento, devemos passar a entender as relações entre diversos instrumentos; porque as pessoas não vivem sozinhas e estão em constante contato umas com as outras. Deste modo, temos um ambiente que seria como um teatro no qual os diversos músicos de uma orquestra estivessem ali, com seus instrumentos. Cada um deles pode produzir o som que quiser – mas naturalmente, o som de muitos instrumentos desafinados jamais poderá ser semelhante a uma sinfonia. Especialmente quando os músicos sequer estão querendo tocar juntos, e sequer concordam com a musica a ser executada.

Em meio ao barulho produzido por diversos instrumentos desafinados, imagine que alguém, com um instrumento perfeitamente afinado comece a tocar magistralmente. Claro, aqueles que estiverem perto, poderão perceber que ali algo diferente está acontecendo. Há música, harmonia. Mesmo que continue havendo barulhos produzidos por outros instrumentos, pode-se concentrar e tentar ouvir a melodia. Fica mais fácil na medida em que um instrumento espiritual perfeitamente afinado, diferente de um violino comum, vai ganhando volume e projeção: quanto mais ele toca, quanto mais se mantém harmônico, mais claro e audível ele se torna. E em pouco tempo, a musica que ele produz estará soando mais alto e mais claro, acima dos outros sons desconexos na sala. Porque a afinação e harmonia fazem com que ele, continuamente, esteja em contato com a fonte de onde emana toda energia. Quanto mais ele toca, mais é ouvido. Inclusive porque outros instrumentos, aos poucos, vão reparando naquele som poderoso e começam e ter interesse por afinar-se também.

Este é um importante modo pelo qual você pode servir o Propósito: mantendo-se afinado e tocando, todo o tempo que você possa. Não importa quantos estão ouvindo. O músico que ama o que faz tocará com o mesmo amor, seja para um ou para dez mil. Assim deve ser o concerto da sua vida para o mundo. Afinal, quem disse que numa pequena platéia com meia dúzia de pessoas não pode estar um futuro Mozart que será tocado pela sua melodia? Quem poderia dizer?

É óbvio que para que tudo isso aconteça é preciso que AL-GUÉM esteja interessado em ouvir. Disposto a isso. Que tenha a capacidade de admirar a qualidade da harmonia, ainda que não a compreenda completamente. Infelizmente, no estágio atual da humanidade, há pessoas que tornaram-se SURDAS para a harmonia e a beleza. Elas podem encontrar-se exatamente dentro da mesma sala onde um instrumento perfeito toca uma linda sinfonia. Mas, sendo surda, a pessoa nada ouve. Quando um grande violinista percebe que está tocando para uma platéia de surdos que o ignoram... quem o culparia por sair e procurar uma companhia e uma audiência melhores?

Outro aspecto relevante é: quanto mais você PRODUZ a sua musica e coloca no mundo o melhor da sua HARMONIA, menos haverá espaço para que o barulho dos instrumentos desafinados lhe incomode. Toque com todo o coração, imerso em sua intenção de colocar o SEU MELHOR no mundo; e para o mundo – e você cada vez terá menos influencia do barulho ao redor. Muitas pessoas perguntam-se porque são "vitimas" de tantos problemas alheios, porque suas vidas são aparentemente tão "perturbadas" por fatores externos a elas mesmas. A resposta é simples: se você permanecer com um instrumento desafinado, sem tocar, sem colocar o SEU concerto no mundo, vai passar a vida toda ouvindo apenas o barulho que outros instrumentos (infelizmente, hoje, ainda na maioria desafinados) produzem.

Se, entretanto, afinar o seu instrumento e tocar; outros músicos com instrumentos afinados se aproximarão de você. Porque a harmonia das notas que você produz vai atraí-los. E dois, ou vários instrumentos afinados tocam juntos com grande facilidade e naturalidade. Assim que isso começa a acontecer, perceba; o concerto que vocês estão tocando ganhará cada vez mais volume e atenção.

Mas é preciso entender que o que lhe cabe é afinar o SEU instrumento e tocar a SUA musica. Não se pode afinar o instrumento do outro. Isso cabe a ele, e somente pode ser feito por ele mesmo. Lembre-se, a nota chave com a qual o seu instrumento pode ser afinado é a SUA. Ao tentar afinar OUTRO instrumento pela SUA nota, simplesmente não funciona.

O que pode ser feito é MOSTRAR ao outro os modos para buscar essa afinação e harmonia. Indicar os meios pelo qual isso pode ser feito por ELE mesmo. Este é exatamente o papel de um maestro, de um musico mais experiente, de um mestre, um professor ou um guru. Ele não pode afinar o seu instrumento PARA você. Isso iria contra todos os princípios e todo o funcionamento energético que nos envolve. E um ser que efetivamente compreenda o funcionamento e as Leis, jamais agirá contra elas. Mesmo que ele possa; mesmo que ele tenha a capacidade e o poder para isso. Porque existe uma profunda diferença entre aquilo que se PODE e aquilo que se DEVE fazer.

UNIVERSO, MULTIVERSO

~ ISAAC NEWTON

Imagine por um instante a vastidão de um oceano. Mergulhado nesse imenso oceano, bóia um pequeno aquário, completamente fechado. As águas do oceano e as do pequeno aquário não se misturam. São mantidas separadas, por assim dizer, pelas paredes de vidro. Ainda assim, não se poderia dizer que os peixes que estão no aquário não estejam no oceano. Estão. Entretanto, contidos no recipiente, não interagem plenamente com os demais seres do oceano, não participam totalmente da vida que os cerca. Dentro do aquário, há milhões de seres microscópicos, para os quais o seu ambiente "é tudo que existe", um infinito universo. Esses seres microscópicos não sabem que o seu "universo" é algo como uma bolha no oceano.

Esta é uma imagem bastante reveladora da nossa própria condição, como seres vivendo neste universo de terceira dimensão física.

No nosso caso, a "barreira", o vidro do aquário; é a própria materialidade de terceira dimensão, uma freqüência vibratória específica que é necessária para manter coesa a vida nesta específica vibração material densa. Uma das características fundamentais desta dimensão é que ela tem como base algo chamado espaço-tempo.

Na natureza da nossa dimensão, os acontecimentos desenvolvem-se no espaço, como movimento. Entenda que quando nos referimos a movimento, isso inclui desde o bater de asas de um beija-flor até o movimento de crescimento de um carvalho de 3 mil anos em direção ao sol. A velocidade é relativa, e cada forma de vida experimenta o movimento de um modo completamente único. A natureza não experimenta o conceito que chamamos de "tempo". Apenas o conceito de movimento acontece. Movimentos são constituídos de "etapas", por assim dizer. E é assim que a natureza cria: etapas, movimentos. Uma semente dorme no solo, até que complete a etapa interna que permita a ela romper a casca e gerar o broto. O broto desenvolve-se, até que rompa o solo, e abra sua primeira folha. Do ponto de vista humano, podemos dizer que a semente levará duas semanas para germinar. Do ponto de vista da natureza, ou da semente, o que seriam "duas semanas"? Não existe o tempo para a natureza. Existem etapas de movimento. O tempo é o conceito que usamos para descrever o que acontece entre CAUSA e CONSEQÜÊNCIA. Obviamente, não estamos descrevendo um INTERVALO. Não há intervalo, isso simplesmente não existe. Desde que foi criada, até que se torne uma árvore e dê origem a um bosque inteiro, a semente experimenta movimentos contínuos e ininterruptos, embora numa velocidade muito diferente daquela que possamos efetivamente perceber. Assim, igualmente, aquilo que chamamos de "um ano", é apenas uma forma de denominar o MOVIMENTO do planeta em torno do Sol.

Essa característica de movimento desenvolvendo-se desde a causa até a realização da conseqüência, é própria do nosso universo físico de terceira dimensão.

E não acontece da mesma forma em outros planos de existência e outras dimensões. Existem outras dimensões, e isso é inclusive algo proposto por uma das principais teorias da física moderna. De fato, esta teoria explica que, para que o nosso universo exista da forma que existe, é absolutamente indispensável que haja, no mínimo, outros ONZE universos paralelos ao nosso. Sem isso, toda a matemática que explica os fenômenos naturais em existência no nosso universo desabaria por terra. Ou seja, são os físicos que estão comprovando que, embora não possamos "detectar" ou perceber, a existência de universos paralelos (dimensões paralelas) é uma exigência científica.

Nesses outros universos, ou dimensões, a densidade da "matéria" é bastante diferente do que denominamos matéria na terceira dimensão. As freqüências vibratórias são mais sutis e elevadas. É simples compreender isso quando pensamos na luz e como ela se comporta na terceira dimensão. A luz é um fator material. Ainda assim, comporta-se com uma velocidade (veja, movimento, novamente) que nos é imperceptível sem instrumentos. Medimos (ou achamos que medimos) a velocidade da luz. E sabemos que na velocidade da luz, o próprio espaço-tempo adquire características diferentes. A razão é exatamente que a luz é um "elemento" por assim dizer, limítrofe no nosso universo.Ela não é plenamente contida pelo nosso "aquário", e de algum modo, relaciona-se com o "oceano" que nos cerca, para além do vidro do aquário. Perceba que estamos falando aqui da luz normal, aquela inclusive que enxergamos. Existem espectros vibratórios da luz que são tão altos que não os vemos, como o ultra-violeta, por exemplo. E para além do ultra-violeta, há ainda outras freqüências vibratórias mais altas.

Toda a "matéria" de outras dimensões ou universos, vibra e existe em freqüências que não nos são perceptíveis; mesmo com o uso de nossas tecnologias e aparelhos atuais.

Sabendo disso, fica simples entender que, do nosso ponto de

vista, nessas dimensões não existe um movimento detectável entre causa e consequência. Assim como não percebemos o movimento das partículas de luz entre causa (ligar o botão do interruptor) e conseqüência (a luz aparecer no interior da lâmpada). Para além do exemplo da luz, podemos pensar também na velocidade daquilo que denominamos consciência. A consciência é um fenômeno não-local, ou seja, não necessita de uma localização específica na materialidade. Sendo assim, quando uma consciência livre das limitações da matéria "deseja" uma determinada coisa, essa coisa, seja o que for, imediatamente torna-se a "realidade" que cerca essa consciência. Não existe movimento, nem sequer é necessária a velocidade, porque não há "localidade". Não é necessário ir até lá. É imediato, sem movimento - que é portanto, uma característica material da terceira dimensão. Essa é a barreira "física" que nos separa dos demais multiversos que compõem o grande oceano no qual os seres desta dimensões estão inseridos, sem darem-se conta.

Entretanto, não somos seres somente "materiais". Na verdade, somos consciências, vivendo temporariamente uma experiência na matéria de terceira dimensão. Nossa "essência" por assim dizer, é de uma consciência não-local. E por isso, muitos seres, mesmo enquanto imersos na terceira dimensão, podem liberar suas consciências dos limites da materialidade, ao menos temporariamente. Há seres que realizam isso por projeção, por estados meditativos, pelo uso de enteógenos.

Atravessando a barreira

Muitos desses seres já notaram, e descreveram, uma questão bastante intrigante, que demonstra exatamente a situação do aquário/oceano. Durante projeções, algumas pessoas podem escolher "viajar" no universo tridimensional. Deixar seu corpo material para trás e, com seu veículo sutil, ir a outros planetas, por exemplo. E o que encontrará lá? Isso depende, exatamente, de qual "universo" ou dimensão foi escolhida para se fazer essa viagem. Numa viagem ao planeta Marte, por exemplo: se a consciência em questão escolheu "viajar" através da nossa realidade tridimensional, cobrindo o espaço que separa a Terra de Marte, na nossa dimensão, ao chegar lá, encontrará basicamente o mesmo planeta descrito pelos nossos instrumentos tecnológicos e observatórios terrestres. Porque a vida nesse planeta não acontece exatamente na mesma dimensão que a vida na Terra. Entretanto, se essa consciência terrestre, ao invés de fazer a viagem através do espaçai tridimensional, escolher "sintonizar-se" com a freqüência das consciências que habitam aquele mundo, terá uma experiência completamente diferente. Porque acessará, não o planeta como apresenta-se na terceira dimensão - mas o planeta como percebido na faixa de consciência com que ele é experimentado pelas consciências que ali vivem - ou seja, a versão "fora do aquário".

É importante entender que as dimensões acontecem de modo "sobreposto" e simultâneo, ou seja, no mesmo "ponto" onde existe um planeta na terceira dimensão, existe uma outra "versão" deste planeta em outras dimensões. Assim, o resultado da "viagem" vai depender apenas de em qual dimensão ocorreu esta "visita".

Assim como acontece com planetas, também há outros "lugares" que se manifestam em outras dimensões, mas não na terceira. Assim, muitas pessoas alegam visitar lugares que não são perceptíveis na terceira dimensão, mas que estão lá, sem dúvida, em outra dimensão. Isso inclusive dá margem a uma divergência que absolutamente não se justifica: alguns seres dirão que tal lugar não existe, simplesmente porque fizeram suas projeções "até lá" e nada encontraram. Bem, a questão essencial é que se não encontraram um lugar descrito por outra consciência, mais provavelmente não estavam alinhados exatamente com a dimensão específica onde tal local pode ser encontrado. Neste ponto, vale ressaltar: embora a física fale em onze dimensões ou "universos" paralelos necessários para manter a coesão do universo físico tridimensional - há muitas, muitíssimas outras dimensões e universos - que estão bastante afastados da nossa realidade física e sequer relacionam-se diretamente com ela. Entenda que, assim como o nosso universo necessita de onze outros universos para sustentar-se, algo vagamente parecido dá-se com esses outros universos. Portanto, pense numa infinita sala de espelhos onde cada um deles reflete infinitas imagens, ao mesmo tempo em que a "cena" é formada pela soma de todas essas imagens.

Esta é uma imagem mais próxima daquilo que poderia ser denominado infinito - muito diferente, aliás, da visão de um infinito puramente físico tridimensional.

Tendo feito esse exercício, vamos agora lembrar um aspecto importantíssimo: a "parte essencial" do que efetivamente somos é uma "consciência não-local". Assim, o "veículo" para experimentar todas essas infinitas realidades é, naturalmente, a consciência. Toda explicação fica falha se não compreendermos que, de fato, não existe nada "lá fora" para ser experimentado, mas que, de fato, o caminho é "para dentro". Porque como consciências não-locais, tudo isso não é "lá fora, para onde vamos." É, na verdade, "aqui dentro, o que somos".

Outro aspecto importante de lembrar é que, assim como diversos planetas do nosso sistema existem em sua versão de terceira dimensão, e tem características diferentes em outras dimensões, exatamente o mesmo acontece com a Terra. Além da Terra de terceira dimensão, esta que pisamos com nossos pés materiais, existem outras Terras sobrepostas, pertencentes a outras "realidades paralelas". Assim, grande parte; talvez a maior parte dos fenômenos inexplicáveis que experimentamos aqui na terceira dimensão, relacionam-se de um modo ou de outro com percepções dessas outras realidades. Conforme o arco evolutivo do planeta retoma o rumo ascendente, ou seja, sutilizando-se, as "paredes" do nosso aquário imaginário tornam-se progressivamente mais "permeáveis". Aos poucos, e gradativamente, as águas do oceano começam a "gotejar" para dentro do nosso aquário. Isto é um efeito natural do processo evolutivo planetário, e um modo de criar uma adaptação gradativa dos seres que viveram "isolados". A cada dia serão mais "gotas" do oceano a invadir a "realidade do aquário", de modo que um dia, quando as paredes estiverem tão permeáveis que viveremos de modo quase integrado ao oceano como um todo, os seres aqui já estarão bastante acostumados a adaptados à ideia de um oceano para além das paredes do aquário.

Uma série de informações controversas e de diferenças entre a visão da ciência acadêmica e a visão mais espiritualizada do nosso mundo são facilmente compreendidas quando se inclui no cenário a existência de outras dimensões, inclusive para este planeta. A ideia de que existem grandes cidades subterrâneas; todo um mundo no interior do planeta, ao qual aparentemente os seres de superfície são completamente alheios, é apenas uma delas. O fato de que existam seres de diversas espécies e origens interagindo ao mesmo tempo, de modo pouco percebido pela maioria das pessoas é apenas outro exemplo. Pondere por alguns minutos sobre algumas das coisas mais inexplicáveis que já tenha lido ou ouvido na sua vida. De cidades perdidas a objetos voadores não identificados, de visitantes estelares a viajantes no tempo; considere novamente qualquer destas ocorrências "inexplicáveis" levando em conta a visão apresentada neste capítulo. O inexplicável na terceira dimensão física exterior dissolve-se rapidamente e as peças se encaixam com grande facilidade uma vez que se começa a pensar nesta perspectiva ampliada; exatamente porque trata-se de uma perspectiva mais completa e verdadeira sobre a própria "realidade" que vivemos.

SERES E REINOS EM GAIA

Neste capítulo vamos tratar brevemente das relações e responsabilidades humanas do ponto de vista da evolução espiritual em sua interação com outros seres, elementos e outros reinos da natureza do planeta. Este assunto é extenso o suficiente para merecer todo um volume; portanto nossa intenção não é, de forma alguma, esgotá-lo, mas antes, fornecer algumas bases amplas para a reflexão neste momento.

Animais Domésticos

Neste inicio do século XXI, entramos numa fase da vida no planeta em que os portões evolutivos iniciam uma nova abertura, que dá acesso, no caso do homem, a transcender seus apegos e limites puramente materiais, em busca de uma espiritualização mais ampla e que servirá de guia para os próximos passos. Ao mesmo tempo, essa nova abertura significa uma grande oportunidade para a plena individualização de criaturas que até aqui vem realizando seu desenvolvimento como animais, especialmente aqueles domesticados e mais próximos no relacionamento com o homem. Em absoluta concordância com esses tempos, a relação dos homens com seus animais de estimação tem se intensificado, tornado-se mais próxima, o que é benéfico para estes, em termos de influência evolutiva. Ao mesmo tempo, é benéfico para o homem o desenvolvimento de um senso de dever, de proteger seus irmão mais novos, em cuidar deles e buscar auxiliar que tenham boas chances de desenvolvimento. E em tudo aquilo que segue de acordo com o Propósito e o Plano, não há muito a ser dito e acrescentado, pois segue o que deve seguir. Entretanto, percebemos uma tendência de desvio neste caminho, por parte de diversos seres humanos. E a cada desvio, ainda que não represente no atual momento um problema grande, cabe o comentário e a indicação da correção de rumo – que esta venha tão cedo quanto possível, pois que é mais fácil corrigir uma tendência errônea no nascimento, do que depois de muito tempo instalada. Referimo-nos aqui a uma espécie de relação que cria uma inversão de papéis entre o conceito de "modelo e aprendiz". Aqui nos referimos principalmente aos animais domésticos, cães, gatos, ovelhas, aves e bovinos.

O aspecto evolutivo

É sabido que o desenvolvimento e evolução das diversas classes de seres se dá, muitas vezes, por via do exemplo, do amor e da devoção. Estas são forças poderosas em conduzir os seres no caminho da individualização pelos meios mais desejáveis, do amor, da devoção e do serviço. Para que esta influência se processe do modo correto, entretanto, não deve haver nenhuma confusão ou falta de clareza em relação aos papéis de MODELO e APRENDIZ. Essa é a raiz fundamental que torna positiva a troca entre esses seres. Como esperar que um ser possa tomar como modelo alguém que age como súdito? É óbvio que esta atitude cria uma confusão tremenda nas percepções pouco desenvolvidas (em termos dos aspectos mentais) daqueles que são os seus aprendizes. A vontade e o impulso de servir e proteger emana naturalmente de seres evoluídos. Proteger os "menores" e servir, no sentido de assegurar que eles tenham bem estar, segurança e oportunidade de desenvolvimento, é altamente positivo. Mas esses irmãos menores não tem plenamente desenvolvidos seus corpos mentais e as faculdades correspondentes. Não cabe a eles, portanto, "decisões", caprichos ou a grave confusão de que a eles seja dado "o cetro de poder" numa habitação humana.

Os efeitos desse erro, que tem se tornado comum, são negativos para o bom desenvolvimento da individualização do animal. Estimula nele a (sempre) FALSA impressão de que ele pode considerar-se no mesmo GRAU de desenvolvimento do ser humano. Estimula nele o desenvolvimento de caprichos e "vaidades", que começam a fortalecer-se em seu amoldável corpo emocional, tenham ou não expressão em suas vidas materiais. E neste estímulo, desvia esse ser daquele que deve ser o seu MODELO: a aspiração, a devoção ao ser que deve inspirá-lo e guiá-lo. Como se pode esperar que o animal aspire a uma condição que lhe pareça como igual ou, até, em casos extremos, inferior?

É preciso, juntamente com o conhecimento, a bondade e a generosidade em relação aos demais seres, que se desenvolva igualmente a RESPONSABILIDADE para com eles. E uma parte fundamental dessa responsabilidade colocada sobre os ombros do HOMEM como MODELO para seus irmãos menores é a clareza de que servir generosamente não tem qualquer similaridade com sujeitar-se ou diminuir-se.

O comportamento do MODELO é aquele do pai, que inspira o filho para que este queira crescer e desenvolver-se para um dia chegar a ser como o pai. Imaginam que possa um filho almejar igualar-se a um pai que é sujeitado a toda espécie de capricho, tanto de fontes externas quando vindas do próprio filho? Ao contrário! Este filho, ou irmão menor, desejará conservar-se, manter seu posto, que naturalmente lhe parece privilegiado, em relação ao que observa ser uma infeliz sujeição daquele que o serve. O aprendiz terá então, muito maior apego à sua condição presente!

E poucas coisas são tão danosas à evolução de um ser do que o exagerado apego à sua condição presente, que cria resistência ao fluxo natural evolutivo, e eventualmente compromete a vontade desse ser de seguir adiante. SIM, eventualmente, aquele ser seguirá adiante, de uma forma ou de outra – mas, agindo assim, o homem terá se colocado como obstáculo, e não modelo ou facilitador.

O que demonstra claramente que, além de tornar mais difícil o caminho do irmão menor, terá ainda faltado com seu papel de ser modelo, facilitar e promover o desenvolvimento dos seres colocados sob sua responsabilidade. Ou seja, terá adicionado carga desnecessária aos seus próprios ombros, dificultando, também, sua própria caminhada.

Outros animais

Além dos animais que vivem em estreita proximidade com os homens, há um papel de guardião a ser desempenhado pelos seres dominantes de um orbe, em relação aos outros seres que com ele compartilham o planeta. Seria um engano supor que o papel humano nesta relação sempre foi este. Houve um tempo em que o próprio homem não se encontrava em condições evolutivas de cuidar sequer de si mesmo, quanto mais de outros seres. Portanto, houve um tempo no qual o homem não tinha sobre os animais qualquer responsabilidade; houve também um tempo em que foi lícito que deles se servisse, não apenas como ajudante ou colaborador nos trabalhos pesados, mas como fornecedor de alimento. E neste sentido, por algum tempo, pode-se considerar que o comportamento do homem não se diferenciava totalmente das feras que matam outros animais para deles servirem-se como alimento. Assim, não cabe a condenação dos atos passados, foram hábitos e necessidades que corresponderam a um determinado ponto evolutivo.

Hoje, entretanto, o modo de vida humano tornou-se em tudo diferente das outras espécies; alterando completamente o ambiente terrestre para nele viver com mais facilidade. Compensando a relativa fragilidade física humana através de tecnologias diversas. Ora, é portanto, natural que se passe adiante também neste comportamento; o que ocorrerá naturalmente nos próximos anos, quando a alimentação vegetariana se tornará normal e o consumo de qualquer espécie de carne não será visto como um comportamento aceitável, por algumas razões. A primeira delas, porque já resta completamente comprovado para além de qualquer dúvida que o homem moderno não necessita da morte de animais para obter proteínas. É portanto, dispensável. E sendo dispensável, passa a ser imediatamente passível de avaliação moral; passa a ser uma escolha; trazendo com isso todas as implicações éticas. Até o ponto onde um homem dependa desse recurso para viver; a questão ética fica como que "suspensa". Uma vez que não seja esse o caso, ela torna-se um imperativo. Soma-se à questão ética o impacto ambiental: no início do século XXI vivemos uma situação no mínimo escandalosa: a produção mundial de grãos, desde 2006, é suficiente para que não haja um único ser humano subnutrido no planeta. Mas os grãos são utilizados, principalmente, para alimentar o rebanho bovino; que por sua vez é utilizado para alimentar uma pequena parcela da população que pode pagar pela sua carne.

Além dessas questões éticas, temos ainda uma questão moral: não poderemos nos tornar efetivamente guardiões deste planeta enquanto nos alimentarmos através da morte de outros seres vivos sencientes que nele habitam. E a lista de seres sencientes (capazes de "sentir", no caso, sua própria existência") inclui todos os mamíferos, aves, répteis, anfíbios e até seres marinhos como polvos e lulas. Esta característica não estaria presente nas espécies naturalmente coletivas como peixes e nos moluscos, camarões e esponjas do mar, por exemplo.

Por esta razão, desde o século dezenove, teosofistas como Blavatsky recomendavam o vegetarianismo como uma forma de alimentação mais adequada ao desenvolvimento espiritual. Adicionando, inclusive, que aqueles que não pudessem se abster de carne por razões de necessidades específicas, optassem por alimentar-se apenas de peixes. A recomendação para evitar os seres que ocupam a base da cadeia alimentar, como camarões, caranguejos e moluscos é justificada pelo fato destes seres alimentarem-se dos cadáveres de outros seres, o que não os faz uma boa opção.

Para todos aqueles em busca de desenvolvimento espiritual, é relevante saber que deixar de alimentar-se através da morte de seres sencientes tem o potencial de modificar intensamente a relação do homem com o seu alimento. A ingestão da carne de seres sencientes mantém o homem numa situação vibracional-alimentar próxima à dos animais carnívoros; a classe de animais mais agressivos que vive no planeta. Não apenas o consumo da carne de sencientes mantém o nível de agressividade mais alto; igualmente, mantém o homem preso a energias terrestres, egoístas e pouco sutis.

Entenda que, para um animal carnívoro, como um tigre, por exemplo, o aspecto "egoísta" contido na atitude de alimentar-se de um outro animal tem um papel a desempenhar em seu arco evolutivo: o animal está num ponto em que necessita estimular sua individualidade; justamente para avançar rumo à individualização plena, que ocorre no patamar humano. É o momento em que ele necessita seguir em direção à "ilusão de separação" para que venha alcançar o seu intento evolutivo de, em algum ponto futuro, individualizar-se numa forma plenamente consciente individual, como a existência humana. Ou seja, para o animal, presentemente, isto constitui um passo adiante. Já para o homem individualizado, o passo esperado é espiritualizar-se, elevar-se; dissolver e desprender-se da ilusão de separação; é tempo de empreender e acelerar sua caminhada para longe dos sentimentos de sobrevivência e competição, objetivando a conquista de um nível mais alto de altruísmo, compaixão e cooperação que é característica dos seres espirituais efetivamente despertos.

Alimentos de origem animal

Uma situação diferente se aplica ao consumo de outros produtos que, embora tenham origem animal, não determinam a morte destes seres, nem inevitavelmente seu sofrimento. É o caso dos leites e seus derivados e do mel, por exemplo.

Embora possa ser louvável abster-se de qualquer dependência de produtos de origem animal, e esta seja uma atitude de grande compaixão e mérito, este é um passo bastante adiantado para a maior parte da humanidade no presente século. Não deixa de ser auspicioso que muitos humanos hoje já estejam desenvolvendo esta consciência compassiva - estes, entretanto, constituem de certo modo uma vanguarda um tanto à frente de seu tempo, no que diz respeito a este aspecto (e em muitos casos, neste aspecto somente). O que observamos, infelizmente, é que alguns destes homens que tem demonstrado tanta compaixão para com os animais, ao mesmo tempo permitem-se atitudes agressivas, negativas para com outros seres humanos. Vale lembrar que o desenvolvimento da compaixão para com a própria espécie é absolutamente indispensável ao desenvolvimento espiritual. Ninguém em sã consciência poderia reconhecer evolução num Francisco de Assis que proteja um irmão animal, mas não se importe em maltratar, desejar o mal ou agredir um irmão humano.

Naturalmente que estamos aqui nos referindo exclusivamente às práticas que por uma lado, não criem sofrimento para os seres sencientes e, por outro, sirvam a uma função razoável como a alimentação. Confinar um animal a um laboratório apenas para que este sirva com seu sofrimento ao desenvolvimento de um novo produto cosmético, usado por sua vez para estimular a vaidade humana, é obviamente inadequado, sempre; e desde sempre, e é tão selvagem quanto matar animais por suas peles, numa sociedade onde isso não é sequer necessário à sobrevivência.

Espécies ameaçadas

Como mencionamos acima, o homem deve evoluir para assumir o seu posto como guardião deste planeta. Assim, cada espécie extinta é uma marca inegável da incapacidade humana para esta tarefa. E cada espécie extinta leva consigo um aspecto energético e vital, empobrecendo a diversidade ecológica do planeta, tanto no nível físico e ambiental quanto do ponto de vista evolutivo e energético. O brilho de nosso futuro evolutivo no planeta está diretamente relacionado com o papel humano em preservar os demais seres. Entre estes, há espécies que representam, aqui na terra, outras linhas evolutivas cósmicas; como é o caso dos golfinhos, das baleias e das abelhas, apenas para citar alguns exemplos. Esses seres tem um papel na ecologia terrestre; naturalmente. Mas tem também um papel na marcha evolutiva do planeta; suas freqüências e vibrações são tremendamente importantes para o equilíbrio energético de Gaia; estas espécies, mesmo enquanto existentes neste orbe, mantém uma ligação com seus "mundos de origem". São de certo modo como embaixadores em nossa terra. Esse é um assunto ainda muito distante de um entendimento mais claro neste ponto em que os seres humanos mal conseguem entender e comunicar-se entre eles mesmos - que dirá com estes embaixadores. Mas assim é, e cabe um profundo respeito a estes seres, inclusive pelo aspecto evolutivo e espiritual associado aos mundos os quais eles representam aqui.

A vida vegetal

O mesmo senso de colaboração e responsabilidade deve ser observado em relação a toda vida vegetal, embora a interação do homem, no que diz respeito à alimentação, seja no todo positiva. A maior preocupação atual é com a manipulação genética das espécies vegetais. Como sempre, o homem realiza suas ações com pouca ou nenhuma consideração mais ampla com o aspecto ecológico. Além de ser a própria base alimentar do homem, a interação dos vegetais com os insetos é extremamente próxima - e sabemos que a interação dos insetos com o homem, mesmo à sua revelia, é intensa. Podemos ver, então, que ao mesmo tempo em que muitos se preocupam com a manipulação genética de animais, a manipulação dos vegetais seguiu por muitos anos, virtualmente despercebida. Graças aos esforços de ambientalistas conscientes e de pessoas como a ativista Vandana Shiva, da Índia, a criação de sementes geneticamente modificadas vem enfrentando crescente oposição no mundo todo. Enganam-se também aqueles que não reconhecem relação entre os vegetais modificados e as mutações que podem ocorrer, e efetivamente ocorrem, nos insetos. Um dos mais sensíveis, as abelhas, vem experimentando um declínio acentuado na população há anos. E todos sabem, ou deveriam saber, que sem as abelhas, cerca de 60% das espécies vegetais das quais nos alimentamos não pode prosperar no planeta. Se isso não fosse grave o bastante, os efeitos estão chegando a outras espécies de insetos, inclusive criando tipos de pragas cada vez mais resistentes. E que eventualmente podem passar por mutações que tornem o contato com estes seres perigoso para humanos, desencadeando um cenário que pode lembrar dolorosamente que não é sem razão que um dos quatro cavaleiros do apocalipse é chamado Peste.

Numa nota mais positiva, é altamente significativo que nas últimas décadas o homem venha redescobrindo um modo antigo e muito relevante de relação com o reino vegetal, com a reabilitação das práticas xamânicas em todo o planeta. Há alguns anos, se falássemos da importância da "comunicação" do homem com o reino vegetal, não seriamos entendidos senão por meia dúzia de leitores; embora certamente o seríamos por centenas de milhares de xamãs, pajés e curandeiros das tradições ancestrais. O reencontro do homem com as chamadas plantas de poder, aquelas que fornecem acesso a dimensões alternativas, está muito longe de ser um "feliz acaso". É uma alternativa desenvolvida no plano espiritual, uma antiga ponte; reabilitada para atender a necessidade do homem moderno.

Embora, a humanidade não precisasse conservar a necessidade pelas plantas de poder até este momento do século XXI, a lentidão do desenvolvimento do homem em outros caminhos do despertar como as práticas meditativas abriu espaço para a necessidade deste "retorno" das plantas de poder; um recurso ancestral, pertencente a ciclos muito antigos da humanidade.

As diversas práticas meditativas introduzidas ao longo de

milhares de anos já deveriam ser hoje vistas como "substitutas, com vantagem", dos efeitos das plantas de poder. Entretanto, dado o modo de vida que esta civilização desenvolveu, devemos ter a mais profunda gratidão pelas espécies vegetais que aqui permaneceram e que fazem o seu retorno à popularidade, servindo mais uma vez à humanidade neste momento de tanta necessidade por toda ajuda que nos permita avançar; em grandes números, para pontos evolutivos que, a rigor, já deveríamos ter ocupado plenamente por nossos próprios meios.

A vida mineral

Na concepção esotérica, os minerais são elementos vivos e representam uma das formas de evolução da vida no planeta. Os minerais são indispensáveis à própria vida dos reinos vegetal e animal, e portanto, estão intrinsecamente ligados a toda forma de vida; e portanto; de evolução no planeta Terra. O fato de que não se pode tratar a vida mineral em termos daquilo que costumamos chamar individualização não impede, de forma alguma, que haja um potencial de troca, aprendizado e até mesmo comunicação entre seres humanos e minerais. Ocorre que vários graus "separam" estas formas evolutivas, e portanto a interação com os minerais parece menos "viável" à primeira vista. Ainda assim, há milhares de anos o homem vem se utilizando de compostos que unem minerais e águas de um modo bastante semelhante à interação que ocorre com diversos vegetais ou compostos de plantas como a Ayahuasca, o Peyote e o San Pedro.

O exemplo mais conhecido disso talvez seja o Ormus, ou o chamado ouro monoatômico, utilizado sob diversas composições preparadas por misturas de sais, água do mar e elementos metálicos. A ingestão desses compostos é altamente controvertida, e muitas pessoas experimentaram enormes dificuldades fisiológicas e de saúde mental ao adotarem seu uso. Ao mesmo tempo, há muitos relatos de alterações das capacidades extra-sensoriais associadas a estas preparações. Aqui não há nenhuma recomendação neste sentido; mas apenas a anotação do fato que a interação humana com compostos minerais vai além dos aspectos óbvios como a presença dos minerais necessários para o funcionamento comum do corpo; envolvendo aprendizados e algo que pode ser considerado uma forma de "comunicação" entre essas duas formas de existência.

Água

Obviamente o elemento mais importante para a vida no planeta; a água é, de certa forma, a própria vida no plano físico terrestre. Além de ser o principal constituinte de nossos corpos, a água é um elemento de ligação e comunicação entre os reinos, o transporte da vida entre eles; e o elemento essencial a ser ainda mais inteiramente compreendido em seu papel de substrato emocional do planeta.

Sem estender demasiado o assunto, que exigiria todo um volume a respeito para começar a arranhar-lhe a superfície; basta dizer que a água é um perfeito transdutor de estados emocionais e intenções. Isso foi amplamente comprovado e fotografado pelo Dr. Massaru Emoto, e pesquisando por seu nome pode-se encontrar farto material sobre suas pesquisas. A água tem suas propriedades alteradas por estados emocionais dos seres em contato com ela, e por seu intermédio, é possível manifestar, nas moléculas físicas, a mudança de estados emocionais. É possível, portanto, deste modo influir - positiva ou negativamente - no estado geral de seres compostos principalmente por este elemento, como é o caso dos seres humanos.

Interessante notar que isso foi descrito originalmente no século dezenove por Helena Blavatsky; e repetido diversas vezes por José Trigueirinho Neto, que desde os anos 80 afirmou reiteradamente que nas próximas décadas, seriam descobertos muitos novos usos fundamentais para a água. Apesar disso, até que o Dr. Emoto divulgasse suas pesquisas, as pessoas sequer imaginavam como se manifestaria essa possibilidade; que é, ainda, apenas um primeiro e muito tímido passo na direção do real desenvolvimento de uso pleno dos potenciais da água nos próximos anos.

PAULO FERREIRA

O PRÓXIMO PASSO

"Seja a mudança que você quer ver no mundo. "

~ GANDHI

Grande parte do conteúdo deste livro trata de teses, explicações e busca estimular a compreensão. Apesar disso, desde o início procuramos deixar muito claro que todo entendimento, toda tese e todo conhecimento de nada servem sem que exista atitude coerente.

O objetivo deste comentário sobre o próximo passo é questionar alguns pontos que muitos consideram "impedimentos" ou barreiras no mundo atual. Fatores como condição econômica, geração de recursos; apoio real e verdadeiro às iniciativas que podem contribuir para que o Novo Mundo se manifeste em plenitude, através das ações de cada um de todos.

Obviamente o objetivo não é esgotar um tema desta magnitude, mas, antes, fornecer algumas chaves fundamentais que podem facilitar a orientação das escolhas.

O verdadeiro erro original

A ideia de um pecado original tem estado com a humanidade

por muito tempo. E na verdade, a palavra pecado significa um erro em relação à natureza divina. Neste sentido, de fato poderia ser dito que a nossa espécie cometeu, sim, um erro original. Que naturalmente nada tem a ver com maçãs, serpentes ou Adão e Eva – todas essa figuras simbólicas ou arquétipos foram usados por muito tempo para tomar ao pé da letra uma história simbólica. Mas o erro original, efetivamente, foi a humanidade haver permitido que um símbolo transacional pudesse ser transformado em objetivo de vida e objeto de desejo em si mesmo.

Um símbolo transacional é apenas um facilitador de uma troca. Nada mais. Mas o símbolo tornou-se o objeto de desejo – e mais, objeto de adoração.

A moeda foi concebida muito antigamente, como uma forma de representar propriedades (ovelhas, por exemplo). Originalmente foi criada para que o dono das ovelhas não tivesse de levar todas elas ao mercado para vendê-las, porque afinal, após serem compradas, elas não permaneceriam no mercado – iriam para quem as adquiriu. Então, não havia necessidade de levar todas as ovelhas para o mercado, e assim arriscar perder algumas pelo caminho, ou algumas ficarem doentes numa longa viagem. O dono das ovelhas ia até o magistrado local, e com testemunhas, dizia quantas ovelhas ele tinha. De fato, há milhares de anos em comunidades pequenas as pessoas tendiam a saber exatamente o que cada um tinha, porque todos se conheciam. Assim, o magistrado emitia uma carta, com um selo, que dizia que o homem tinha 40 ovelhas. Deste modo, ele podia ir ao mercado e negociar aquele papel, aquela carta. E posteriormente, o comprador apenas passava para pegar as ovelhas, conduzindo-as diretamente para onde ele queria, poupando uma viagem. Ou seja, visto assim, o símbolo que certificava a propriedade parecia uma boa ideia.

De símbolo a objetivo.

O grande passo em falso foi permitir a transformação do símbolo em objetivo. Uma vez objetivo, já não precisava simbolizar nada, não precisava mais de um lastro de realidade. O dinheiro passou a ser valorizado "como se tivesse significado próprio, intrínseco". Isso efetivamente começou a ocorrer há muito tempo, mas foi plenamente consumado quando foi abandonado o padrão-ouro - ou seja, as economias deixaram de lastrar-se em suas próprias reservas existentes - e passaram a operar com aquilo que se denomina "fiat money", ou seja, meramente a criação de "débito e crédito" virtuais, meros numerários sem lastro.

Consumado o "valor sem lastro", o dinheiro tornou-se o próprio "bezerro de ouro", idolatrado pelos homens como se possuísse valor próprio, intrínseco - como se fosse algo além de papel pintado.

Uma vez que esse engano foi plenamente aceito, configurou-se uma espécie absolutamente enganosa de "escravidão voluntária". Esta foi descrita com tal perfeição por Aldous Huxley que pouco se precisa acrescentar às suas palavras:

"A ditadura perfeita terá as aparências da democracia, uma prisão sem muros na qual os prisioneiros não sonharão sequer com a fuga. Um sistema de escravatura onde, graças ao consumo e ao divertimento, os escravos terão amor à sua escravidão".

Como já afirmamos anteriormente no Volume 1 desta série de livros, o dinheiro será gradativamente abandonado como meio de troca e base da economia no planeta. Há ainda muitos passos para que isso se manifeste plenamente, mas é de imensa importância que se entenda que, com o fim da era monetária, todos os conceitos de propriedade serão bastante transformados.

É bastante útil que se observe e estude como viveram (e como vivem, mesmo atualmente) as comunidades que não estão integradas ao sistema monetário. Pode-se aprender muitíssimo neste estudo, sobre soluções importantes para o futuro do homem no planeta. Muito diferente de imaginar um passo atrás, ou uma volta a uma civilização primitiva, essa observação deve ser feita levando em conta a tecnologia e a criação de novos modelos, baseados inteiramente na cooperação e no compartilhamento e erradicando; eliminando completamente qualquer forma de competição. Sem eliminar, varrer completa e permanentemente a ideia de competição mercadológica, nenhuma mudança efetiva poderá manifestar-se.

A competição é parte fundamental dos instrumentos de manipulação utilizados para escravizar a humanidade. A competição deu origem à produção em larga escala, para logo a seguir, dar origem à produção DESNECESSÁRIA em larga escala. Um dos resultados mais óbvios e visíveis, hoje, é que são produzidas milhares de vezes mais peças de roupa do que necessita toda a população mundial. E, portanto, a indústria da vestimenta consome milhares de vezes mais recursos do que seriam realmente necessários. Para que? Não para que as pessoas se vistam, efetivamente. Mas para que as marcas exercitem sua competição por "fatias de mercado". A que preço isso é feito? Ao preço de, por exemplo, drenar milhares de vezes mais recursos ecológicos do que seriam necessários para vestir toda a humanidade.

A economia que pode gerar o futuro para a humanidade é essencialmente colaborativa, e nela se produz exclusivamente o necessário para o bem-estar dos seres. Nesta economia, NADA é produzido sem que haja uma necessidade prévia a ser satisfeita; e nenhuma atividade é aceitável caso seu custo ecológico ou social supere os benefícios que produz coletivamente. Nesta economia, o volume de horas trabalhadas será correspondente exclusivamente à necessidade de fato. Somente pelo exemplo acima, sobre a indústria de vestimentas, fica muitíssimo claro que o "necessário" para a vida das pessoas é milhares de vezes menor em termos de quantidade do que aquilo que o mercado requer para sustentar seu modelo de competição entre marcas.

Neste sentido, tem surgido no século XXI muitas novas teorias econômicas que já apontam para esses novos paradigmas. Se hoje elas são ainda vistas com desconfiança e entendidas como utópicas, que fique bem claro: em mais algumas décadas, não apenas elas serão amplamente reconhecidas e adotadas; mas a atual "economia de mercado" será vista e tratada, no futuro, como um conjunto grotesco de enganos completamente delirantes que produziu uma sociedade que "devora a si mesma, enquanto age como se isso a estivesse levando adiante".

Talvez o conceito mais importante a ser compreendido nesta transição seja este, perfeitamente sintetizado por Michael Tellinger em seu brilhante livro "Ubuntu Contributionism - A Blueprint for Human Prosperity ":

"O dinheiro não é um meio para que as coisas sejam realizadas. Ele é, de fato, uma barreira, um impedimento para que as coisas sejam feitas. Nada no mundo é feito pelo dinheiro. Tudo é feito pelas pessoas, seus talentos e sua incrível energia e capacidade criativa. As pessoas se acostumaram à ideia de que o dinheiro move o mundo. O dinheiro não move nada, o planeta move-se por si próprio e o que move a vida no planeta é o poder realizador humano."

Visto por esse prisma, o dinheiro é a maior barreira existente para o poder realizador humano. Pare por um instante e imagine o inacreditável volume de ações e medidas necessárias que não foram até hoje realizadas apenas porque "não há dinheiro para isso". Não é preciso dinheiro. É preciso eliminar essa barreira que impede que as pessoas trabalhem por amor, naquilo que crêem. E naturalmente as coisas que não são boas para todos deixarão de ser feitas - e toda a energia e potencial criador humano será usado para criar o mundo no qual, efetivamente, queremos viver.

Condição econômica

Não há o menor sentido em perguntar porque há pobreza no mundo. A verdadeira pergunta deveria ser: porque há ganância no mundo?

O foco muitas vezes recai sobre a pobreza porque ela incomoda, porque ela aflige. E muitas vezes, simplesmente porque ela "atrapalha" a visão que alguns tem de como deveria ser um mundo pleno. Muita gente gosta de atribuir a pobreza à falta de capacidade de realização das pessoas – mas no estado presente do mundo, essa afirmação é absolutamente pueril. Ninguém que realmente conheça de perto as condições que muitos seres humanos tem como ponto de partida pode seriamente concordar com isso. É apenas um modo confortável e mais "educado" de justificar-se, de dizer para si mesmo: "não é problema meu." Mas ocorre que... sim, é problema de todos.

Vivemos num mundo de dualidades, e o reverso da pobreza, o que está do outro lado da pobreza, é a ganância. O oposto de pobreza é riqueza. Mas A CAUSA da pobreza não é a riqueza. É a ganância.

A face mais clara e escancarada da ganância foi estampada no relatório anual do Fórum Econômico Mundial de 2013: afirma que a crescente brecha entre a renda dos cidadãos ricos e pobres do mundo pode causar graves danos ao mundo na próxima década. Os dados, divulgados pela organização Oxfam International com o sugestivo nome de "Working for the Few" (Trabalhando para Poucos), em janeiro de 2014 provam que:

O 1% mais rico da população do mundo concentra um montante de recursos 65 vezes maior que a riqueza somada da metade da população mundial.

Apesar de imensamente escandalosos, esses números mostram uma parte do fenômeno mundial da ganância, uma parte extrema, absolutamente real e ridiculamente concentrada. Isso faz, infelizmente, com que muitos imaginem que ganância é algo que apenas os grandes bilionários e as grandes companhias petrolíferas tem. Isto não é verdade. De fato, as grandes companhias e bancos, as forças que operam o mercado para servir ao lucro de poucos às custas do sacrifício de muitos é algo tão óbvio e evidente que sequer dedicaremos muitas linhas a isto. Mas a ganância está presente em muitos, em diferentes níveis, e está muito longe de ser verdade que apenas os muito ricos estejam criando esse mal.

A origem da dificuldade nesse entendimento nasce, principalmente, da visão de que a ganância é apenas uma acumulação exagerada de dinheiro ou valores, por parte daqueles que já tem tudo. Esta é uma visão simplista do assunto – e é tão comum porque ela cria um falso conforto para grande parte dos habitantes desse planeta, neste momento: o conforto de que, se você não é absurdamente rico, não faz parte da ganância que impede que esse mundo seja mais equilibrado e justo.

O real significado de ganância é fazer apenas por você mesmo e não compartilhar o que você tem, seja o que for. O real motivo da ganância é o medo da falta, e o medo da falta nasce do egoísmo.

Primeiro, o raciocínio egoísta vem embalado numa forma de aparência "lógica" que afirma "cada um por si."

O homem há muito deveria ter ido além dessa falsa lógica, visto que esse foi o "novo" ensinamento fundamental que deveria ter sido aprendido no Ciclo Anterior, da Era de Peixes:

Faça aos outros aquilo que faria por si mesmo.

Como o estado atual do mundo fartamente comprova, esta lição ficou muito longe de ser dominada pelo conjunto da humanidade. E é pela dificuldade em ultrapassar esta essa afirmação praticamente selvagem do "cada um por si" que a humanidade vive no estado em que se encontra hoje. O homem, como espécie, só conseguiu erguer-se e evoluir para o patamar de "espécie dominante" no planeta PORQUE aprendeu a colaborar num nível diferente das outras espécies. Porque aprendeu que numa comunidade, seja ela um tribo ou uma nação, não faz absolutamente sentido que todos façam as mesmas coisas e realizem a totalidade de todos os esforços para sobreviver sozinhos e por sua conta. Este é o modo de vida de muitos animais. E ainda assim, muitas espécies ditas "irracionais" aprenderam e evoluíram para colaborar em muitos níveis. Muitas espécies desenvolveram verdadeiramente o sentido de "cuidar dos seus", enquanto o homem ainda tem dificuldades com esse conceito tão simples. Até porque continua preso à falsa ideia de que os "seus" sejam apenas aqueles com quem ele compartilha elos de sangue. Para alguém que entende que somos seres espirituais e individualizações de uma consciência; considerar um elo físico como o sangue como determinante é, no mínimo, um contra-senso.

Como espécie e no seu conjunto, a humanidade é capaz de todo o entendimento necessário para colocar uma espaçonave na lua – mas é incapaz de respeitar outro ser humano se ele não produzir algo que seja considerado de valor monetário. Ao permitir que o dinheiro se tornasse mais do que um símbolo de troca; um meio apenas, e nada mais – para ser visto como um objetivo e um fim a ser alcançado, o homem destrói todo o sentido da responsabilidade para com o outro; o sentido do "cuidar dos seus" e o senso de comunidade.

Thoureu escreveu:

"se um homem caminha num bosque e passa o dia ali, apenas porque sente-se feliz com isso, admira a beleza e a natureza, esta sociedade logo o chamará de vagabundo. Mas se este mesmo homem criar uma companhia com objetivo de explorar este mesmo bosque (tirando-o da própria humanidade) e com isso produzir móveis ou qualquer outra coisa que torne-se dinheiro (apenas para ele mesmo!), esta mesma sociedade o chamará de "empreendedor".

No mundo moderno, o erro desse raciocínio da sociedade é por demais óbvio para passar despercebido. Thoreau foi um gênio e um homem de coragem ao escrever isso na época dele... mas hoje, o sentido disso está estampado para qualquer um com o mínimo de bom senso entender o tamanho da catástrofe que essa atitude representa.

Entretanto... muitas pessoas que trabalham para mudar esta visão não são respeitadas e apoiadas porque não produzem dinheiro. Muitas pessoas que dedicam-se à causas maiores que seus próprios interesses individuais de sobrevivência são bastante idosas, ou muito jovens. Porque? Num extremo, porque puderam aposentar-se, no outro, porque ainda não acumularam responsabilidades que inviabilizam dedicar-se à causa. Mas o ponto aqui é que ficamos com uma falta crônica de pessoas maduras, no auge de suas vidas e de sua capacidade para trabalhar pelo Propósito.

Trabalhar apenas para objetivos egoístas – apenas para o seu próprio interesse, é muito mais fácil do que trabalhar para o bem de todos. Fazer algo que prejudica muitos é normalmente bem pago e reconhecido. Já fazer algo para ajudar as pessoas, nem sempre.

Milhões de pessoas trabalham em empresas ou iniciativas com objetivos meramente comerciais. Empresas contratam pessoas para escrever e criar anúncios e propaganda para outras empresas e produtos. Muitos dos quais não são benéficos para a sociedade e nem deveriam existir.

Conforme mais pessoas entendam de modo mais pleno o nosso mundo e a nossa realidade, passarão a buscar cada vez mais não colaborar com atividades nocivas, e dirigir seus esforços para as atividades que possam ajudar as pessoas a evoluir. Mas neste momento do mundo, ainda é muito mais difícil gerar recursos para manter a própria vida desse modo.

Isso nos leva a perguntar:

Porque a nossa sociedade está desenhada para recompensar o egoísmo?

Porque é isso que interessa para este formato social baseado no sistema monetário, onde apenas uns poucos ganham muito: que cada um faça apenas por si mesmo, de modo que as pessoas jamais se unam. Isso se chama dividir para conquistar; e está em qualquer manual básico de estratégia militar, e é a idéia sobre a qual se assenta a dominação sobre a humanidade hoje. Estamos divididos, agimos de acordo com o "cada um por si" e por isso vivemos sujeitos à dominação por essa sociedade do ego.

É fundamental compreender que esta organização social que existe hoje foi criada e é mantida pela lógica egoísta que busca separar as pessoas, dividi-las para manter cada um isolado e, portanto, obrigá-lo a trabalhar para esta mesma ordem, como único meio para manter-se. Essa sociedade tem já muitos anos, está bastante estabelecida e funciona de um modo que todos conhecemos. Ao longo dos anos, ela se organizou de modo a fazer com que todos dependam dela – e como conseqüência, milhões colaboram com ela – mesmo que não concordem com o modo como ela funciona – apenas porque não conseguem enxergar uma alternativa para sua própria subsistência.

Para aqueles que querem construir uma alternativa, é preciso compreender alguns fatos básicos:

Que esta alternativa não nascerá sozinha, por geração espontânea.

Que esta alternativa não terá apoio das forças dominantes que se alimentam do modo atual de pensar, viver e produzir, ou seja, grandes corporações e os governos que são mantidos por elas.

Que mesmo enquanto esta ordem social centrada no aspecto monetário permanece dominante, é preciso PARTICIPAR ativamente da criação de uma via alternativa, trabalhando PARA criar esta via alternativa.

Que existem 2 meios básicos para apoiar a criação dessa alternativa:

1. Deixar de colaborar com a sociedade monetária e passar a dedicar-se a criar a alternativa

2. Continuar atuando na sociedade monetária, porém direcionando os recursos que você tenha PARA apoiar e criar a alternativa

Duas Vias

A primeira via, ou seja, deixar a sociedade monetária para dedicar-se a criar a alternativa, é extremamente difícil. Nem todos podem tomar esta via, e nem todos tem o desprendimento necessário para fazer isso. Muitos tem compromissos familiares e obrigações que consideram imperativos para manter-se trabalhando na sociedade monetária. Nem todos tem apoio e condições para fazer isso, e não é sensato pedir a qualquer ser que morra de fome – porque uma vez que ele deixe este plano, não poderá mais contribuir com ele. Seria uma pessoa a menos para colaborar. E precisamos de MAIS pessoas para colaborar, aqui, neste plano.

Algumas pessoas, entretanto, sentem-se compelidas a fazer isso, apesar do imenso esforço e das dificuldades. São proporcionalmente poucas. Grande parte dessas pessoas poderia colaborar ainda mais com uma nova forma de sociedade nascente, caso tivesse mais apoio e visibilidade. Mas muitas dos que optam por essa via acabam isolando-se em pequenas comunidades, em grande parte simplesmente porque, se por um lado não tem necessidade econômica de participar ativamente desta sociedade, por outro não tem meios à disposição para ampliar o alcance do trabalho, empreender viagens, financiar a publicação de livros ou a realização de vídeos, por exemplo.

Daí a importância da segunda via neste momento do mundo: permanecer trabalhando NA sociedade monetária, entretanto apoiando ativamente a criação da alternativa.

O entendimento de COMO se processa esta segunda via é fundamental para que o sucesso da iniciativa, e a questão central é quanto mais apoio for dedicado à criação dessa segunda via, mais rapidamente poderemos sentir os efeitos disso na sociedade como um todo.

Estamos falando, essencialmente, de direcionar os recursos da sociedade monetária para a alternativa, para as iniciativas que não estão centradas no aspecto monetário. Estamos falando de equilibrar as forças movidas pelo mercado, criando forças movidas por razões e objetivos humanos.

Mas para isso, é preciso uma escolha clara e consciente em dirigir os recursos e o tempo para isso. Compartilhar os recursos, verdadeiramente.

Isso se faz nas escolhas do dia a dia, porque o cidadão médio não pode fazer diferença sozinho numa única atitude. Assim, ele precisa tomar atitudes diárias que apóiem essa visão, e compartilhar este mesmo objetivo com tantas pessoas quanto lhe seja possível. Note que é preciso fazer as duas coisas: compartilhar a ideia, para que o movimento cresça e ganhe relevância e fazer essas escolhas na sua vida, o máximo possível.

Apenas para citar um exemplo: há muitas pessoas que cozinham alimentos naturais, feitos com cuidado e carinho, em pequenos negócios ou às vezes até nas suas casas. Pães, bolos, doces. Sempre que você comprar algo diretamente de quem faz, você sabe: está estimulando a economia local e a via alternativa. Essa é uma decisão que pode fazer a diferença, porque está baseada em algo que as pessoas fazem todos os dias, que é alimentar-se. Portanto, cada vez que você opta por um produto local, orgânico, diretamente comprado do produtor, estimula a economia alternativa e a criação de uma sociedade menos dependente de grandes corporações que produzem benefícios para poucos.

Sempre que você escolher utilizar seu dinheiro para pagar ou para fazer uma doação para uma iniciativa como um curso de autoconhecimento, uma palestra, um livro que trata sobre o despertar e uma nova sociedade, você estará estimulando e ajudando que essa nova sociedade se manifeste.

É importante entender que as pessoas que trabalham por uma sociedade que seja menos baseada no dinheiro, e especialmente aquelas que realizam trabalhos de ajuda espiritual, muitas vezes escolhem não cobrar pelo que fazem. E este é um aspecto importante, porque ele reflete a doação de tempo e energia, dedicados a quem precisa; sem a colocação de uma barreira "material". Ao cobrar qualquer valor, mesmo que não seja alto, está sendo colocada uma barreira de acesso: apenas os que possam dispor de tal recurso podem ser beneficiados. E aí reside um ponto crucial: tudo aquilo que recebemos como bênção, como conhecimento e desenvolvimento de origem espiritual, é dado gratuitamente, generosamente oferecido a qualquer um que busque. Mas neste estágio do mundo, para viabilizar as formas materiais de transmitir conhecimento, ou realizar tratamentos e terapias, muitas vezes são necessários meios; há custos de transporte, de hospedagem, de organização, até mesmo a contratação de pessoas para realizar determinados serviços para os quais não haja voluntários preparados. Assim, o primeiro modo de ajudar é voluntariar-se para fazer. Para implementar, organizar, realizar a parte material do trabalho necessário. O segundo é doar e colaborar, na medida das suas possibilidades. Mesmo, e principalmente, quando nada foi cobrado como taxa de acesso: isto mostra efetivamente a preocupação de dar a qualquer um a oportunidade.

Solidariedade

A solidariedade, freqüentemente, parece mais presente entre as pessoas com menos recursos. Por um lado, parece natural, inclusive porque as necessidades são mais visíveis. Mas existe uma outra dimensão para este fato, que não é muito lisonjeira ao ser humano: quanto mais ele acredita que pode "precisar" da solidariedade do outro, mais solidário ele é.

Nisso há o risco de converter-se numa "solidariedade por interesse próprio". E talvez ajude a perceber porque atos de solidariedade vão se tornando menos visíveis entre as com mais meios. Infelizmente, sem o estímulo de imaginar que "um dia posso ser eu a precisar", grande parte das pessoas parece perder parte a motivação para ajudar. Justamente a parte que "ajudaria por interesse próprio". Essa tendência só volta a reverter-se entre aqueles que, muito ricos, voltam a exercer um outro tipo de solidariedade, a da filantropia, que reflete basicamente a atitude de quem "tem tanto que não fará nenhuma falta".

Isso não quer dizer que todos que ajudam o façam com pensamentos egoístas ou auto-centrados. Mas as evidências indicam, que há uma certa falta de sensibilidade por parte daqueles, muitos, que estão na faixa intermediária entre os que "podem precisar" e os que "tem tanto que não fará nenhuma falta."

É extremamente importante notar que é exatamente nesta condição que encontramos o maior número de pessoas que poderiam ajudar.

É igualmente importante notar que há muitos níveis para o egoísmo, o preconceito e a atitude monetarista, além dos mais óbvios. Um deles é: muitas pessoas dão mais importância a um milionário (mesmo que sua fortuna venha de uma indústria que devasta o planeta) do que a um terapeuta, um cuidador ou um professor, que muitas vezes luta com dificuldades para manter-se. O mecanismo egoísta dessa atitude é simples: o valor financeiro representa a possibilidade de benefício próprio ("mais para mim"). Já o valor humano, pede solidariedade e compartilhamento.

Enquanto você estiver doando os seus recursos (de qualquer tipo) por uma causa, haverá sempre muitos para ajudá-lo a distribuir. Mas ao pedir ajuda (de qualquer espécie) você começará a trabalhar com o número efetivamente disposto a oferecer recursos (de qualquer espécie) àquela causa.

Até o presente momento do mundo, esse número tem sido bastante reduzido. Isso demonstra que apenas uma pequena minoria consegue, hoje, entender o que é verdadeiramente, a Lei da Gratidão:

Devolver a energia recebida, de qualquer modo que lhe seja possível.

Por isso, devemos concluir com um pensamento muito relevante para o momento que vive este mundo:

O mundo não reflete o que QUEREMOS.
Reflete, perfeitamente, o que FAZEMOS.

O MANIFESTO

A proposta essencial deste Manifesto é propor uma alternativa que evita o confronto, a criminalização e a manipulação de manifestações por parte de qualquer "poder vigente" e independente de "lados" na questão. Talvez ainda mais importante, o manifesto propõe uma forma de ação que não gera incidentes, violência ou mortes que infelizmente acompanharam diversas manifestações.

A proposta do Manifesto da Não-colaboração é essencialmente "a ação pela não-ação". É o esvaziamento da manipulação por meio da não-colaboração. Afirmo: viveremos essa realidade; é apenas uma questão de "quando". Quando este dia chegar, isto estará devidamente registrado e publicado, também aqui.

Manifesto Da Não-Colaboração

SÃO PAULO, 21 DE MAIO DE 2013.

E SE NÓS parássemos o mundo? Apenas por um tempo, apenas por 2 dias? Começando na sexta à noite, e indo até o domingo à noite? Todos nós já vivemos momentos em que simplesmente queríamos que algo parasse. Que por um breve tempo que fosse, parasse todo o consumismo, todo o nervosismo, toda a correria. Todo o estresse e todo abuso. E se fosse fácil, assim, de um modo que qualquer um saiba o que fazer: NADA.

Nada que se pague, nada que se consuma, nada que estresse, nada que gaste. E se todos ficássemos em casa, sem ligar o carro, sem comprar pão, sem ir à rua? E todos nós usássemos esse tempo apenas para estar com quem amamos, ler os livros que já temos, cantar as musicas que gostamos? E se muitos de nós usássemos esse tempo para meditar, orar, pedir, pensar?

E se muitos de nós usássemos esse tempo para desligar a TV, as luzes, os filmes, deixássemos os jornais na porta, do lado de fora? E se aqueles de nós que têm filhos dissessem a eles sobre o que se trata, para que eles também brinquem com o que já tem e não precise ser ligado na tomada?

E se muitos de nós usássemos esse tempo para olhar nos olhos e para olhar para dentro, verdadeiramente? Se alguns de nós usassem esse tempo para dormir, profundamente, muitas e muitas horas?

E se desligássemos os celulares e os telefones e não respondêssemos emails nem ligássemos o computador? E se muitos entre nós não usassem nenhuma forma de energia elétrica, e outros ainda, fizessem um jejum? E se, muitos de nós fazendo isso, pudéssemos dizer ao MUNDO:

Eu quero que PARE. EU QUERO QUE MUDE.

E se isso fosse, com o tempo, crescendo e se transformando numa mensagem REALMENTE PODEROSA? E se muitos outros, como nós, pudessem entender essa mensagem? E se da primeira vez fôssemos centenas... na segunda vez fôssemos milhares, e na terceira vez.. MILHÕES...

E se isso pudesse COMUNICAR ao MUNDO uma mensagem clara e simples:

A DE QUE QUEREMOS VIVER DE OUTRO MODO

Um modo mais simples. Mais fácil. Mais verdadeiro

E se isso fosse tão fácil quanto apenas FAZER ISSO? E se ao invés de dizer que gostou da idéia, você a compartilhasse com TODOS que você conhece? E se ao invés de apenas falar a respeito, você FIZESSE ISSO? E se o mundo começasse a MUDAR porque milhões querem exatamente isso?

O Que É O Manifesto?

Enquanto o Manifesto contenha tudo que é necessário para que seja realizado, o entendimento mais profundo da proposta é relevante para aqueles que têm se dado a missão de ajudar no despertar de outros seres.

O Manifesto aponta na direção de uma ação bastante importante, porque oferece uma resposta quanto àquilo que pode ser FEITO pelas pessoas, no sentido de retomar suas conexões reais e verdadeiras, ao mesmo tempo em que fazem uma declaração, embora silenciosa, poderosa ao mundo.

O poder dessa Ação, em temos do aspecto coletivo do mundo, reside na soma, no compartilhamento, na criação da massa critica necessária. Entretanto, exercitar esta resposta, mesmo antes que ela aconteça com seu pleno potencial; traz inegáveis benefícios no aspecto de cada uma das individualizações que a executa.

Para todos aqueles que já buscaram sugerir ou indicar caminhos de ação para as pessoas, fica clara a grande dificuldade que separa, para a maioria dos seres, o conhecimento da ideia da efetiva ação manifesta no mundo. É sempre com grande dificuldade que as pessoas, em geral, conseguem FAZER algo que esteja fora do roteiro normal de suas vidas cotidianas.

Isso é um problema, porque é preciso romper com a ação impensada e automática para alcançar uma compreensão mais ampla do que a visão distorcida da mente pequena do homem. É preciso a re-conexão, e para isso é preciso o silencio interior. Para chegar ao silencio interior, é preciso CESSAR o fazer constante e principalmente o barulho mental que acompanha a vida no "piloto automático".

No aspecto coletivo, sabemos o quanto é difícil mover os grandes volumes de pessoas. Os impedimentos práticos que elas enfrentam no dia a dia são, para as pequenas consciências que se manifestam através das barreiras da matéria, desafios difíceis de vencer.

Adicionalmente, é preciso que aquilo que seja solicitado tenha um caráter absolutamente inclusivo, ou seja, permita a participação de todos os seres, bastando-lhes a necessária vontade, e nada mais. Assim é com a forma de re-conexão que chamamos meditação. Qualquer individualização pode meditar (orar, acessar o espaço do coração, ou como prefiram nomear) porque NADA é necessário ou requerido; nada necessita ser comprado ou adquirido, nenhuma condição externa é indispensável para o ato. Reflitam nessa absoluta igualdade contida na meditação. São muito poucos os atos no mundo que igualam totalmente as pessoas. No momento em que se medita, todas as características e valores mundanos perdem o significado. Aquele que tem recursos, dinheiro, posses; no momento de meditar, tem exatamente as mesmas oportunidades e dificuldades que aquele que nada tem materialmente. Como nos mostram os muitos exemplos, aliás, talvez a condição de possuir muitas coisas materiais aumente as dificuldades, caso aumente os apegos neste mundo.

O fato, para além de qualquer interpretação é que o mundo não reflete o que QUEREMOS (individual ou coletivamente), mas reflete, perfeitamente, o que FAZEMOS coletivamente. Assim como o que NÃO FAZEMOS.

Esses aspectos estão presentes na ideia proposta, que é uma forma de exercitar aquilo que Lao Tzu chamou de wu-wei: "Agir pelo não agir". Quando pedimos às pessoas que simplesmente deixem de agir, temporariamente, estamos apontando uma direção que pode tornar-se um caminho para muitos, e colocar em ação, no mundo, alguns fatores fundamentais:

Primeiro: no nível individual, a abertura de um tempo de silenciar e experimentar um primeiro passo de re-conexão a si mesmo. No nível da convivência com aqueles que compartilham um lar, provê a oportunidade da interação verdadeira, sem a mediação de todos os aparelhos, sons e imagens externas que tanto causam extrema distração. Que isso seja atingido por alguns períodos, mesmo temporariamente, mesmo que como estado de exceção, é, em si e para muitos, já uma grande conquista nesses tempos tão turbulentos.

Segundo: porque baseado no princípio do Agir pelo não agir, cria uma oportunidade que pode ser aproveitada por todos, ao menos em seu tempo livre, ao menos nos dias em que não estão dedicados ao trabalho e à busca do seu sustento. Pedir àquele que trabalha que deixe de trabalhar é um caminho certo para o insucesso de uma iniciativa, posto que a pequena consciência raramente consegue desligar-se de seus apegos e dúvidas de ordem material. Ainda mais, vem ao encontro de uma exclamação que tantos fazem com tanta freqüência hoje: "eu gostaria que, mesmo que por um tempo, tudo parasse". Essa necessidade de repouso, de calma, está em basicamente todos os corações hoje. O modo que os homens vivem tornou-se insustentável e insuportável, causador de males e doenças que absolutamente não o estariam atingindo, neste nível epidêmico, sem a atuação do estresse constante que enfraquece o sistema imunológico. O estresse tornou-se uma ferramenta para manter os homens cativos e num estado precário de saúde que é bastante peculiar: saudável o suficiente para produzir e consumir para o sistema – mas doente o suficiente para "necessitar" dos remédios e químicas vendidas para este fim, e fraco o suficiente para render-se a todas as "distrações" e "alívios", sempre desenhados para criar o consumo excessivo, apresentado e vendido como "paliativo para todos os males". A primeira e mais importante "venda" do sistema a ser eliminada é o próprio estresse. Somente o homem livre dele pode pensar, avaliar, estar saudável e ter condições de escolher com consciência e vontade livre.

Terceiro: Quando se pede que algo seja feito, ativamente, muitas problemas se interpõem. Para ir a algum lugar, é preciso transporte. Para muitos, é preciso roupas adequadas. Para outros, é preciso estrutura para levar os filhos, ou um lugar para deixá-los. Se a ação se estende por várias horas, é necessário alimentar-se longe de casa. Vêem como todos esses fatores, de um modo ou de outro, exigem meios e criam um consumo e uma série de limitações para aqueles que não tenham os meios? Pedir ao homem que fique onde está e não se transporte evita gastos e elimina atos de consumo por toda parte. Pedir a ele que consuma aquilo que já tem em casa ajuda a equilibrar desperdícios tão comuns hoje em dia – e também estimula que as pessoas preparem juntas seu alimento, posto que terão tempo para isto... E neste particular é importante ressaltar que os ATOS wu-wei devem ser, naturalmente, PONTUAIS e dirigidos para dias e momentos em que o tempo seja do indivíduo. Nos demais dias, ele continuará movendo-se, em contato com o mundo, freqüentando suas cerimônias e grupos, do mesmo modo. Não sugerimos que as pessoas abandonem as práticas que fazem em grupo – ao contrario – essas práticas são altamente positivas, quando voltadas para o auto-desenvolvimento e relacionadas à importância da comunidade para o caminho do despertar; ao apoio que os homens recebem uns dos outros. É por ser um estado de exceção que o ATO wu-wei é simples, e exige muito pouco de qualquer um.

Agora, examinemos um pouco mais o efeito desses atos, quando multiplicados por grandes números de pessoas.

Verdadeiro anonimato

Sempre que se pede a alguém que faça algo, subscreva ou apóie uma ideia ou vá a algum lugar, pede-se que ele se apresente, se identifique como apoiador desta ideia. Isso demonstra seu engajamento... mas permite que se crie modos de reação a este engajamento. Quebrando o anonimato, o homem está exposto a toda sorte de possibilidades, posto que pode ser identificado. Nem todos terão essa disponibilidade e desapego, e isso dificulta a criação de grandes números, da tão necessária massa critica. É possível reprimir um protesto em qualquer lugar, discutir ou invalidar afirmações, ameaçar ou processar pessoas, quando se pode identificá-las. É possível retirar uma máscara, depois de deter um cidadão. E devemos sempre lembrar que a ideia de que "não se pode prender todos os cidadãos" pode ser válida; mas que CADA cidadão tem uma preocupação anterior ao coletivo, que nasce dos seus apegos pessoais: a preocupação com o fato que se pode facilmente prender UM cidadão, e a conseqüente preocupação de que este cidadão seja ELE. Quando se considera agir pelo não agir, o resultado é que não se pode mais distinguir o ativista altamente engajado na causa em relação àquele que, alheio a tudo, apenas dorme em sua casa. Somente a impossibilidade de identificar (e provar) que um determinado cidadão esteja, num determinado momento, engajado em alguma causa, simplesmente porque ele está em sua casa, tendo nada específico como atividade, concede o verdadeiro anonimato.

Absoluta liberdade e inclusão

Engajar em massa exige um caminho que elimine as diferenças e trabalhe apenas com as semelhanças, aquilo que todos tem como pontos em comum. Pedir a um cristão que tome parte numa cerimônia budista, ou pedir a um agnóstico que ore não vai ajudar a unir as pessoas, porque isso ressalta suas diferenças. Pedir a cada um que não consuma, que fique em sua casa, fazendo aquilo que lhe aprouver, aquilo que lhe é caro e familiar, é unir de fato pelas semelhanças. Sugerir que se use este tempo para re-conectar a si mesmo e aos seus, é igualmente trabalhar com semelhanças. Pode-se argumentar que algumas crenças exigem o comparecimento a um local específico numa data específica – e aí caberá a cada um decidir o que lhe indica sua consciência, posto que raríssimas são as pessoas que nunca faltaram a uma só data religiosa por algum motivo ou outro. Antes de tudo, a única coisa indispensável para realizar o ATO wu-wei é a vontade para tal.

Ação coletiva

No aspecto coletivo, de massa, o ATO torna-se uma mensagem poderosa. Provavelmente acontecerá muitas vezes com pequenos números envolvidos; e neste caso, trará benefícios para estas pessoas e seus grupos diretos. Mas ao persistir e divulgar, mais e mais pessoas engajando-se, torna-se uma manifestação de grande importância. Porque quando milhões cessam suas atividades e fecham-se em casa, consumindo o mínimo, isso envia um recado muito forte, claro e relevante para as forças que controlam o atual panorama da sociedade. As empresas e governos não são afetadas pela ação de uma pessoa, ou por cem pessoas. Mas sabendo o papel fundamental das "leis de oferta e demanda" no cenário atual, o potencial de rompimento que surge quando grandes números aderem é inegável.

Cria-se um fato novo, um fator intencional coletivo a alterar o padrão de demanda. Por um período, cessa uma demanda que, de outro modo, estaria lá. Isso cria um alteração detectável no cenário econômico de uma comunidade, relativa ao tamanho e localização do ato.

Uma mensagem inequívoca e que não pode ser distorcida; porque é uma mensagem que não depende de palavras. E este é um ponto fundamental: toda mensagem que se utiliza de palavras, escritas ou discursadas, vai inevitavelmente encontrar opositores, detratores, discordantes – se não da ideia, ao menos de tais termos utilizados na manifestação. É um erro depender de palavras para comunicar-se com forças que não tem olhos e ouvidos, e que utilizam a inconsciência das massas e a força econômica como meio. Para comunicar-se e ser entendido, é preciso responder através da mesma linguagem: o movimento consciente de grandes massas e sua conseqüente força econômica.

Ainda mais importante

Uma vez que esse ato, como ferramenta para "unir as pessoas e enviar uma mensagem" seja incorporada ao rol de possibilidades humanas, cria-se alguns fatores realmente novos:

Uma união efetiva das pessoas pelas suas semelhanças, por aquilo que almejam em comum.

Um meio de comunicação clara das pessoas para a "ordem vigente", onde hoje só existe comunicação efetiva no sentido oposto.

Um meio para as pessoas demonstrarem claramente que não darão o seu apoio a determinadas ações.

Cenários

Agora, imagine por um instante que essa ferramenta esteja já desenvolvida e que as pessoas a estejam utilizando no mundo todo. Imagine que o governo de um pais X demonstre a intenção de declarar guerra a outro pais, Y. Imagine que isso veio a público durante a semana, e que a partir da sexta-feira seguinte, até o domingo, as ruas de ambos os países ficaram simplesmente desertas, porque as pessoas não saíram de suas casas, não foram às compras, não saíram para passear ou visitar os parentes. Elas simplesmente PARARAM tudo para mostrar que não aceitam a guerra.

Como discutir, argumentar com tal demonstração tão clara? E com quem discutir? Como impedir? E como não reconhecer os efeitos? Como negar o que houve, se todos sabem, pelo silêncio e a inatividade? Como negar que as lojas que estavam abertas não tinham clientes e não fizeram vendas? Ainda que aqueles que deveriam trabalhar fossem ao trabalho, como negar que durante aqueles dias, houve um profundo vale nas vendas, na arrecadação de impostos e na economia em geral? Ou que os parques ficaram vazios e os transportes circularam sem passageiros? Como negar que as pessoas mostraram que não querem participar desta guerra?

O objetivo não é criar uma greve de trabalho ou de produção, que em si não traz nada de novo.

É criar a cessação do consumo e da colaboração com o funcionamento social estimulado pelo consumo.

Efeitos

No início, é preciso compartilhar e explicar a idéia. Mas uma vez que isso comece a acontecer, as pessoas não precisarão de uma organização central, ou liderança para que seja feito. Os cidadãos, em qualquer Estado, criticam medidas e reclamam direitos sem que seja preciso ninguém coordenar suas opiniões. Apenas substituindo o FALAR pelo AGIR (no caso, pelo não–agir) a coletividade criará o ato e a "parada"- que será tão grande quanto o numero de pessoas que considera relevante a questão.

E mesmo em questões locais e não nacionais: imagine que numa determinada cidade tenha sido imposta uma lei com a qual os cidadãos não concordem: o ato realizado por dois dias na cidade, por um grande numero de pessoas, vai exercer a pressão correspondente, proporcionalmente ao local.

Percebe aí a criação de uma expressão de inteligência coletiva? Que é auto-gerida, descentralizada, simples; livre expressão das pessoas?

O efeito disso é que as pessoas poderão efetivamente começar a AGIR coletivamente, alinhadas à ideia de que SOMOS TODOS UM e O MESMO. Uma forma de fortalecer os vínculos de comunidade e coletividade e representação.

Este é um passo essencial para a evolução. Do mesmo modo que houve um tempo em que foram necessários lideres, instrutores e guias – e que hoje este papel deve dar espaço para o auto-conhecimento e a auto gestão evolutiva... exatamente do mesmo modo, o delegar das nossas decisões coletivas a "representantes" precisa passar por uma profunda revisão. Precisamos assumir individualmente nossas responsabilidades. Fazer DIRETAMENTE nossas escolhas e COMUNICÁ-LAS diretamente. O sistema de representação de muitos por poucos teve o seu tempo, cumpriu um papel, mas há muito degenerou em uma falsa representação na maioria das comunidades humanas. Tornou-se um sistema anacrônico, distorcido e pouco necessário. Hoje, se é preciso consultar as pessoas, é possível consultá-las diretamente, há meios para isso. E aqui, não afirmamos que não se necessite de organização, ou que se deva eliminar todas as representações, mas apenas e tão somente, que é preciso começar a rever a extensão dessa representação, a fim de preservar representações apenas em pontos específicos, não permitindo a completa condução e manipulação coletiva de muitos por poucos, como o sistema atual realiza.

É muito simples entender que, por exemplo, um sistema de impostos que é mantido apesar de 90% de uma população considerá-lo inadequado, é mantido à revelia desta população, por aqueles que teoricamente são "representantes" desta mesma população. Ou seja, na prática, esta população não está sendo representada: está sendo manipulada e conduzida, apenas. Ainda que não seja possível que milhões de pessoas elaborem juntas um complexo sistema de impostos, é absolutamente viável que milhões de pessoas decidam qual é o teto máximo que pode ser cobrado em impostos, como fração de seus ganhos. É uma decisão objetiva sobre um número. Milhões podem emitir sua opinião e participar da definição do número que representa uma parte aceitável. Mas não se deve esperar que essa iniciativa nasça de qualquer outra parte, senão da comunidade, interessada em retomar seu papel numa representação verdadeira.

Somos todos UM

Perceba que, em termos de evolução, o objetivo dessa iniciativa é iniciar o uso de uma inteligência de um tipo novo, coletiva, abrangente. E que o uso desta inteligência é que possibilita o seu desenvolvimento e aprimoramento.

Estamos indicando como isso pode ser iniciado; mas a extensão das conseqüências que essa mudança trará só poderá ser avaliada depois que essa inteligência seja colocada em uso. Certamente, ela terá efeitos muito mais profundos do que aqueles que podemos imaginar do atual ponto de vista; que é o de inteligências individuais relativamente desconectadas.

A simples intenção focal de "entender, compartilhar e fazer parte" de uma inteligência coletiva produz modificações que ainda não são conhecidas de todos, embora o homem hoje já comece a conhecer o poder das intenções e da consciência em alterar e projetar-se na realidade à sua volta.

Neste sentido, de influenciar; produzir a realidade à sua volta, é tempo de entender que é preciso tomar para si a responsabilidade de produzir os efeitos que se espera. No novo mundo que se apresenta, não cabe mais, como antes, simplesmente aguardar que os efeitos daquilo que já foi chamado Karma aconteçam. Há novos princípios em funcionamento, e um deles, de enorme importância, é que nesse tempo de amadurecimento da humanidade, cabe a cada individualidade agir de acordo para PRODUZIR a ação que vai gerar o fruto que se deseja.

Ou seja, o que desejamos aqui é oferecer um caminho viável para começar a transformar o atual estágio de entendimento das novas responsabilidades em reais atitudes, expressas no mundo e realizadas nas vidas de cada um.

Um caminho para transformar a expressão SOMOS TODOS UM num ATO e num FATO a ser vivenciado por CADA UM e POR TODOS.

Que através do AMOR a todos os seres, realizemos o Plano na Terra.

Paz a todas as Criaturas.

Gratidão.

☐ AUM ॐ

◆ ◆ ◆

MUITAS E DIFERENTES FORMAS DE SERVIR

Àqueles que colocam os pés no caminho, verdadeiramente, espera-se que passem, o quanto antes, a procurar uma forma de SERVIR ao propósito. Enquanto um ser não entendeu ESTE aspecto, pode fazer o bem, pode ser positivo, mas ainda lhe falta a PRINCIPAL característica do discípulo.

Existem diversos graus discipulado - e não cabe a nenhum humano encarnado julgar o grau no qual se encontre outro ser. O número de iniciações ou provações e a condição evolutiva de cada um é da conta exclusivamente dele mesmo - e eventualmente, do mestre e dos orientadores da linhagem espiritual à qual esteja ligado.

O que é extremamente importante perceber é que não existe distinção entre os tipos de serviço que se presta: todos os tipos são valiosos e meritórios. Não importa que seja algo simples, como ajudar a limpar uma mesa num templo, ou algo complexo como fazer um filme que seja visto por milhões de pessoas. Neste sentido, cada ação POSTA EM PRATICA com a devida intenção de serviço desapegado e dirigido a servir a evolução de todos os seres é absolutamente meritória, não importando a complexidade ou o número percebido de beneficiados num momento imediato. É importante ressaltar este assunto, porque muitos impedem seus próprios passos no caminho enquanto "esperam" pela missão certa. Cabe aproveitar toda oportunidade que se possa identificar para auxiliar. E este é um teste inequívoco: a SUA capacidade de perceber e estar alerta às oportunidades de ajudar e prestar serviço é absolutamente essencial na sua capacitação para servir. Por isso, não cabe esperar instruções, ou contar que alguém lhe venha dizer o que é que se espera que faça. A SUA VIDA é composta de infinitas possibilidades de ajudar, muitas delas colocadas ali exatamente para verificar a SUA capacidade de identificá-las. Muitas vezes, inclusive, alguns imaginam que se tentaram fazer algo e tal coisa não deu completamente certo, é porque não se tratava de uma missão. Não é assim. Nos planos espirituais, a intenção POSTA EM PRÁTICA é o que conta - INFINITAMENTE mais que os números, quantidades ou aparentes resultados vistos no plano material. Acostume-se: o sentido de mérito espiritual não está necessariamente ligado aos resultados realizados NESTE MUNDO - mas sim à intenção pura POSTA EM AÇÃO que foi realizada, vista e percebida no plano espiritual. A vantagem é: no plano espiritual, NADA passa despercebido. Mesmo que ninguém na Terra jamais venha a saber de uma boa ação que tenha realizado, o mérito pela ação estará registrado, para TODO O SEMPRE.

Também vale destacar a absoluta diferença do sentido numérico e das quantidades, tão valorizadas no plano material: aqui, pode-se imaginar que alguém que fala para milhares de pessoas teria mais mérito do que outro, que fala para meia dúzia de pessoas. Nada poderia ser mais longe da verdade: aquele que faz pela pequena comunidade na qual vive TUDO que pode, talvez esteja realizando muito mais do que outro que, famoso ou numa posição de destaque, tem à sua disposição a audiência de milhões, mas pouco faz uso desta condição para trabalhar pelo propósito.

Mas, que fique MUITO claro: todo valor nasce da intenção REALIZADA, posta em prática, em ATO. Aí incluídos os ATOS de oração e devoção, assim como as palavras ditas e escritas em benefício de outros seres, naturalmente. Mas a mera "intenção" de "um dia desses" ajudar alguém... não significa, nem significará absolutamente NADA, até que seja FEITA.

Gratidão.

POSFÁCIO

COMO SÃO ESCRITOS OS LIVROS DA SÉRIE O MENSAGEIRO

O processo pelo qual os livros da série são escritos não é psicografia ou canalização. É um processo de acesso ao conhecimento no Akasha, (também chamado Registro Akáshico ou Luz Astral), através de um caminho aberto por meio da prática da meditação. O acesso ao conhecimento não é ilimitado nem acontece "ao bel prazer". É restrito aos temas e informações que servem ao propósito desta missão, e é muitas vezes facilitado quando são feitas, por terceiros, perguntas específicas que representem autenticamente seus desafios diretos, de modo que o conhecimento acessado possa ser imediatamente útil e cumpra o propósito de servir na caminhada evolutiva de outros seres.

Os livros da série seguem uma linhagem muito antiga de "tradutores" que acessam o conhecimento com o objetivo de transmiti-lo de um modo simples para mais pessoas. Isso vem sendo feito há muitos anos. Muitas vezes o conhecimento vem de um modo complexo e difícil. Para qualquer um que tenha buscado por ele em obras fundamentais como A Doutrina Secreta, de Helena Petrovna Blavatsky; ou Tratado sobre o Fogo Cósmico, do Mestre Djwal Khul através de Alice A. Bailey, duas coisas ficam imediatamente claras: o conteúdo é de uma profundidade assombrosa e de uma complexidade desconcertante. São obras importantíssimas, que literalmente, realizam mudanças na base do pensamento no planeta, especialmente ao impactar um público composto de pensadores, cientistas, filósofos e pesquisadores. São, entretanto, obras para um público em número restrito: o nível de entendimento necessário para compreendê-las, ainda que parcialmente, é tão elevado que alguns de seus leitores e admiradores mais famosos são W. B. Yeats, Albert Einstein, Fernando Pessoa, Gandhi e Oppenheimer; apenas para citar alguns dos maiores gênios da humanidade que leram tais obras e as consideraram fundamentais em sua vida e no seu trabalho.

Há hoje um grande número de pessoas que busca conhecimento, mas não dispõe do tempo ou da preparação necessária para mergulhar na complexidade dessas obras. O papel desta longa linha de "tradutores" é comunicar de um modo facilitado e acessível a mais gente. É uma tradição da qual participaram individualizações bastante conhecidas; como Joshua David Stone. Esta linha de serviço de facilitadores e tradutores está ligada à missão do Segundo Raio amarelo-dourado do amor-sabedoria, na tradição dos sete raios da Grande Fraternidade Branca; inspiradora do trabalho de Helena Petrovna Blavatsky. No final do século 19, nos últimos anos de vida de Blavatsky, a Grande Fraternidade Branca colocou-a sob os cuidados do Quinto Raio – Verde – da Verdade, Ciências e da Cura; assumindo a responsabilidade por ela juntamente com o Segundo Raio em nome da Grande Fraternidade Branca.

Presentemente, é pelo serviço em discipulado a estas hierarquias que nos ligamos à Grande Fraternidade Branca.

MEDIUNIDADE, CANALIZAÇÃO E ACESSO INTERDIMENSIONAL

Vale dizer que todas as formas de mediar (servir de elo, ou meio para uma mensagem que tem uma origem além do seu próprio ser) tem estado com a humanidade desde sempre. Cada cultura com as suas características ou rituais próprios, ligados muitas vezes à região em que vivem. Desde a forma antiga e xamânica, (quer incluísse ou não como "catalisador" alguma substância natural, o som de tambores, incensos, ou outras formas de sintonia de vibração e freqüência) até as formas que tornaram-se mais comuns nas comunidades ocidentais e urbanas a partir do século dezessete, como aquela que se tornou conhecida como "mediunidade de incorporação", e mais recentemente (século XX), a canalização e, a partir do século XXI, a comunicação inter-dimensional.

Além de notar que todas as formas tem estado presentes desde sempre, sejam comuns e identificadas ou não; é importante destacar que todas elas são FORMAS de comunicação inter-dimensional, por assim dizer. Não vale a pena, portanto, apegar-se demais ao nome que se dá ao fenômeno, mas sim destacar as diferenças de cada forma – e o significado dessas diferenças em relação à evolução espiritual do acesso humano ao conteúdo.

Vamos nos ater aqui, somente à "mediunidade de incorporação" para não expandir demais o assunto. Portanto, sempre que seja usado o termo mediunidade, entenda-se "de incorporação".

Mediunidade

A mediunidade como fenômeno conhecido no ocidente começa a difundir-se mais amplamente no início do século dezessete, tanto na Europa quanto nas Américas. É fruto de uma iniciativa de um grupo espiritual que identifica e propõe este modo de contato como uma porta viável para iniciar a preparação dos seres humanos do ocidente para a retomada do contato com a realidade de sua existência espiritual e a continuidade da vida após o "fim" da vida na matéria.

Um dos principais objetivos dessa forma de contato e ensinamento foi demonstrar a existência de uma vida após a vida. E para este fim, era interessante que o médium passasse por um completo desligamento, a fim de que todas as suas características pessoais e culturais não estivessem presentes durante o ato mediúnico. Assim, foi muito comum a "xenoglossia", ou seja, médiuns que se comunicavam em línguas que não dominavam quando conscientes. Além deste caráter de "demonstração e prova" para as pessoas do ocidente, esta forma de afastamento da consciência do médium era também necessária porque o nível vibracional das pessoas era muito diferente daquele da origem das mensagens. Assim, tornava-se ao mesmo tempo mais viável e produtivo que acontecesse o afastamento da consciência do médium.

Com o passar dos anos, por volta do século dezenove, tornaram-se mais comuns os atos mediúnicos nos quais deixava de haver um desligamento completo da consciência do médium, mas essencialmente, todas essas manifestações tinham uma mesma direção e um mesmo movimento: o de uma consciência extra-física aproximando-se, tomando a iniciativa e "ajustando" sua freqüência vibracional para acessar o médium, no físico. Ou seja, um movimento "de lá para cá".

Canalização

A partir da segunda metade do século dezenove, intensifica-se o trabalho de contato de uma outra equipe espiritual, seguindo orientações diretas da Fraternidade Branca e dos mestres ascensionados, que começa a buscar como veículos pessoas vibracionalmente preparadas (muitas, inclusive, nascidas com esta missão e propósito) e por meio destas, começam a fluir mensagens pelo modo que se tornou conhecido como canalização: quando o canalizador recebe a mensagem (e não necessariamente o portador da mensagem "vem" até o canalizador). A diferença pode ser explicada de modo simples: se você não tem certeza de como alguém vai passar a sua mensagem, você precisa entregá-la pessoalmente. A partir do momento em que você possa ter um "representante confiável", você pode mandar a ele uma mensagem, sabendo que ele passará esse conteúdo de um modo fiel ao que recebeu. Nesta modalidade, era a mensagem que "vinha", e não mais o Ser.

Seria como a diferença entre "ir pessoalmente" ou "fazer uma ligação telefônica". Mas, importante ressaltar: a ligação, aqui, ainda era feita pelo ser comunicante, pelo lado da ORIGEM da mensagem. Ao canalizador cabia estar pronto, colocar-se à disposição, preparar-se adequadamente e encontrar-se numa situação que permitisse que a mensagem viesse. Seria o equivalente a sentar-se ao lado do telefone, e esperar para receber a mensagem. Uma vez recebida, essa mensagem poderia ser falada a outras pessoas, ou escrita; e na verdade, tanto faz, porque outra mudança relevante na canalização é que deixava de ser importante a sincronia (todos os ouvintes na mesma sala ao mesmo tempo): como a consciência do canalizador não precisava se afastar, ele podia receber a mensagem, guardá-la e passá-la posteriormente.

A canalização popularizou-se, e vale destacar que, embora tenha sido uma "porta" aberta por iniciativa da Fraternidade Branca, naturalmente não são todas as mensagens que têm esta origem. É importante entender que, a partir do momento que EXISTE uma porta, e que ela foi aberta, muitos outros seres podem aprender a utilizar-se dela. Esta "porta", tendo sido aberta como "possibilidade" para a humanidade, passou a ser uma "via de acesso" válida. Atualmente, Rupert Sheldrake diria talvez que o início desta atividade colocou esta habilidade à disposição, porque ela foi incorporada ao campo mórfico humano. Só para lembrar: este era um movimento que continuava seguindo o sentido de "mandar a mensagem; de lá para cá".

Acesso Inter-dimensional

A partir do século XXI começa então a ser mais comum uma nova forma, chamada simplesmente de Acesso Inter-dimensional ou Comunicação Inter-dimensional. A diferença fundamental entre esses dois termos é que quando tratamos de Acesso significa que uma determinada consciência, vivendo na matéria, obteve condições de acessar diretamente informações que estão além da matéria. Comunicação, no caso, significa que a consciência vivendo na matéria está obtendo as informações através do auxílio de outras consciências, em outras dimensões de existência.

Tal possibilidade é aberta em função da elevação energética do grid, do campo energético do planeta, uma elevação que vai ganhando impulso durante a transição ocorrida em 2012 e que continua a se intensificar na medida em que mais e mais seres (e hoje contam-se aos milhões) começam a relacionar-se com seus aspectos espirituais. Existe aí a atuação de uma massa critica, número, quantidade. À medida em que muitas pessoas começam a abrir-se para a existência de realidades espirituais, e ativamente buscar (este é um termo-chave para este entendimento) uma re-conexão, começa a existir a abertura de uma nova porta – com uma diferença importantíssima: uma porta que vai se abrindo a partir do físico, em direção ao não-físico. Uma porta construída, ou aberta, pela busca de re-conexão de um grande (e crescente) numero de seres que vivem na matéria.

Aberta essa porta, a consciência do ser encarnado pode "ir buscar" o conhecimento e a comunicação. Muda todo o sentido.

O que na mediunidade tradicional era uma "visita", e na canalização uma "mensagem enviada", passa a ser uma "busca pela mensagem na origem". O que é esta origem? É o próprio conhecimento contido no Registro Akáshico, naquilo que, parcialmente falando, foi descrito por Jung como "inconsciente coletivo", como "memória coletiva" ou por Rupert Sheldrake como "campo mórfico" da humanidade.

Percebe que há nisto uma inversão da "mão de direção" pela qual o conteúdo chega? Não mais ele VEIO, mas, na verdade, uma consciência "FOI BUSCAR".

Não mais se trata de receber a visita ou esperar o telefonema, mas, sim, de ativamente "ir até a biblioteca" e lá selecionar aquilo que interessa, aquilo que pode ser utilizado. Para tanto, é necessário que aquele que "vai buscar" saiba o que está procurando, pelo menos em termos gerais. Para iniciar uma pesquisa numa imensa biblioteca, é preciso ao menos uma noção sobre o que se busca ali, e o entendimento de uma série de conceitos para que a busca seja possível. É necessário um preparo muito diferente do que saber ouvir ou escrever para "anotar a mensagem".

Assim, fica claro que a evolução destes modos de contato reflete a própria evolução das consciências; reflete a evolução das habilidades e capacidades humanas no aspecto geral. Alguns seres capazes disso estão presentes desde sempre, há muitos e muitos séculos. Mas estamos aqui falando de evolução e movimento coletivo, e não de alguns indivíduos. Estamos falando aqui de espelhar uma evolução refletida num grande número de pessoas. É muito diferente algo que meia dúzia de pessoas pode fazer daquilo que milhares possam fazer...

Mesmo hoje, no século XXI, todas essas formas de contato continuam existindo. Percebendo o aspecto evolutivo que move adiante essas formas de comunicação, podemos esperar, naturalmente, que haja cada dia menos fenômenos mediúnicos "tradicionais" (com o afastamento completo da consciência do médium) e cada vez mais indivíduos capazes de acessar o conhecimento na origem, sem intermediários. Isto é assim porque é uma espiral para cima. Eliminar a necessidade do intermediário (meio, ou médium) e ir direto à fonte é um passo evolutivo que será dado cada vez por mais pessoas.

Todos conhecemos a importância de "não dar o peixe, mas ensinar a pescar." Vale a pena examinar com atenção: seguir "dando o peixe" e utilizando as formas mais antigas estimula dependência. As novas formas, que exigem aprendizado e atitude por parte de quem busca, estimulam aprendizado, independência e evolução.

Ainda hoje há muitas pessoas se utilizando dos meios mais antigos de comunicação, e porque essas pessoas continuam dependentes dessas formas antigas, há seres que continuam auxiliando por esses meios. Mas quanto mais elevado o entendimento e a intenção de estimular a evolução, mais estes seres estimularão a BUSCA ativa a independência e a capacitação de cada um. É a própria evolução das pessoas aqui na nossa dimensão que vai liberando esses seres desse fardo, quando há outras portas e outros modos disponíveis.

Não é mais tempo de centrarmos nossas atenções em "provas" e fenômenos, isso há muito já não é necessário. Não é mais tempo de estimular dependências e exclusividades. O papel é de agir como facilitador, para que cada ser encontre o seu caminho de volta ao acesso e aos conhecimentos dos quais necessita e os quais esteja pronto para receber.

OBRAS CITADAS

e sugestões de leitura

A Voz do Silencio - Helena Petrovna Blavatsky

O livro Perdido de Dzyan (Stanzas of Dzyan) - Helena Petrovna Blavatsky

Toda a obra de Helena Petrovna Blavatsky

Luz no Caminho – Mabel Collins

O Idílio do Lótus Branco – Mabel Collins

O Caiballion - Três Iniciados

A Jóia Suprema do Discernimento - Sri Shankara-charya

O Sutra do Coração - Tenzin Gyatso XIV Dalai Lama

Ciência sem Dogmas - (The Science Delusion) - Rupert Sheldrake

Autobiografia de um Yogi – Paramahansa Yogananda

A Biologia da Crença - Bruce Lipton, PhD

O Codex Comentado - Movimento Era de Cristal

Seja Luz! - Alê Barello, Iara Bichara, Marcos Corazza.

A Busca do Eu Superior - Paul Brunton

Uma Breve História do Futuro - Jacques Attali

Intuição - Osho

Mídias Sem Limite - Todd Gitlin

A Mônada - C. W. Leadbeater

A Consciência do Átomo - Alice A. Bailey

A Trilogia do Sonho – Ale Barello

ABOUT THE AUTHOR

Paulo Ferreira

É autor de O Mensageiro - O Despertar para um Novo Mundo; publicado no Brasil, Europa e Estados Unidos. Terapeuta Transpessoal e Terapeuta Tibet Shiki Ryoho Reiki; preparador de palestrantes (speaker coach); consultor em desenvolvimento organizacional, voluntário do TEDx desde 2015, como preparador de palestrantes e fotógrafo. Publicitário, roteirista, músico, compositor, atuou como diretor de criação e conteúdo em TV, vídeo e passou por alguns dos mais importantes grupos de comunicação do Brasil.

BOOKS BY THIS AUTHOR

O Mensageiro

O Mensageiro está destinado a tornar-se uma série de livros com o propósito de auxiliar no despertar das pessoas para um novo paradigma de vida e de mundo que torna-se amplamente presente e é percebido por muitos a partir desta segunda década do século 21. Um tempo de compartilhamento, compreensão e evolução espiritual; de novo entendimento, do fim dos velhos dogmas e das velhas ilusões de separação entre os seres.
O tempo de criar a União e a Harmonia entre os Seres, de levar a Cultura de Paz a todos os cantos do Planeta.
Elaborado pelo autor com base nas experiências vividas no caminho de seu próprio despertar, e inspirado por conexões com conhecimentos perenes introduzidos na filosofia moderna por Helena Petrovna Blavatsky, fornece as bases para o entendimento e a conquista de uma nova atitude de vida através de uma espiritualidade contemporânea e uma mensagem simples, com muitos exemplos em texto coloquial e despojado.
Parte deste livro é no formato de perguntas e respostas, e o grupo entrevistador incluiu cristãos, budistas, espíritas, seguidores da tradição indiana; estudantes da cabala judaica; praticantes do daime e do xamanismo ayahuasqueiro, ioga e meditação, livres-pensadores espiritualistas e ateus; economistas, um cientista doutor em neurofisiologia funcional do cérebro, um jornalista brasileiro que atua no exterior, escritores, educadores e psicólogos.